Genehmigte Sonderausgabe
Printed in Germany

Lore Hummel

Kunterbunte Kinderwelt

Märchen, Verse, Geschichten
für alle Tage

Die Eisenbahn

Bimmeldibum und bimmeldibam,
fünf Wagen hat unsre Eisenbahn.

Bimmeldibam und bimmeldibim,
hundertfünf Leute sitzen darin.
Hundertfünf Leute fahren nach Wien,
bimmeldibam und bimmeldibim.

Anziehliedchen

Wer strampelt im Bettchen?
Versteckt sich wie'n Dieb?
Das ist der Rumpumpel,
den haben wir lieb.

Was guckt da für'n Näschen?
Ein Bübchen sitzt dran.
Das ist der Rumpumpel,
den ziehn wir jetzt an.

Erst wird er gewaschen
vom Kopf bis zur Zeh.
Er weint nicht, er greint nicht,
denn es tut ja nicht weh.

Schnell her mit dem Hemdchen:
Da schlüpfen wir fein
erst rechts und dann links
in die Ärmelchen rein.

Fix an noch die Strümpfchen,
fix an auch die Schuh.
Kommt's Händchen, schnürt's Bändchen,
schon sind sie zu.

Nun Leibchen und Höschen,
ein Röckchen kommt auch.
Sonst friert dem Rumpumpel
sein kleiner runder Bauch.

Das Kämmchen kämmt sachte,
aber still muss man stehn.
Zuletzt noch das Kleidchen,
der Tausend, wie schön!

Vom boshaften Hannes

Was das für ein boshafter Junge war, der Hannes! Da zog er neulich mit einigen Schulkameraden vors Tor hinaus. Jeder der Knaben hatte seinen Papierdrachen mitgenommen, den wollten sie auf der Wiese fliegen lassen. Vor ihnen lief Nero, der halb ausgewachsene und schon so große Hund des Hannes.

„Mein Drachen steigt doppelt so hoch wie eure schlechten Papierlappen da!", rief Hannes unterwegs.

„Wir werden es ja sehen!", meinten die anderen und beachteten sein Geschwätz nicht weiter.

„Gut! Wetten wir!", sagte Hannes und stand still.

„Wir können unser Geld besser brauchen als zum Wetten!", sagten die anderen und gingen vorwärts.

„Wessen Drachen am höchsten steigt, der hat die meiste Freude, das reicht!"

Jetzt waren sie auf der Pfingstwiese angelangt. Sie nahmen ihre Papiervögel und ließen sie steigen. Der Wind war günstig. Am Anfang hob sich auch wirklich der Drachen des Hannes am ruhigsten und sichersten, während die der anderen fortwährend hin und her schwankten, ehe sie stiegen.

Bald aber drehte sich das Ding, und zuletzt standen die übrigen Drachen viel höher als seiner.

„Noch ist nicht aller Tage Abend!", rief er mit großer Zuversicht. – Aber innerlich ärgerte es ihn nicht wenig. Was sollte er tun? Er mochte zerren und ziehen, laufen oder still stehen, es wollte ihm nicht gelingen, den anderen zuvorzukommen.

Jetzt lief dem Buben die Galle über und er ließ seinen Ärger an den Spielgenossen aus. Bald sprang er ihnen vor die Füße, bald suchte er sie im Laufen seitwärts in den Graben zu stoßen und was es sonst noch an Bubenstreichen gibt. Alles umsonst! Seine Kameraden waren gewandte Jungen, geschickt wichen sie ihm jedes Mal aus.

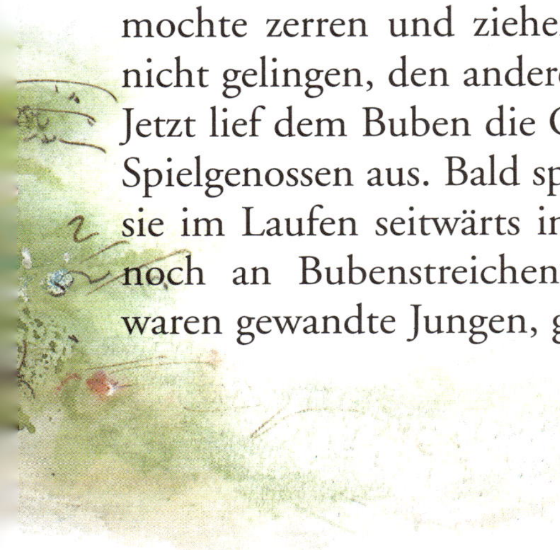

„Gib dir keine Mühe, Hannes!“, sprachen sie mit größter Ruhe. „Pass auf, dass du selbst nicht stolperst.“
Hochmut kommt vor dem Fall. Nichts kränkt den Zornigen mehr als die Ruhe derer, gegen die er seinen Zorn auslassen möchte. Der böse Junge geriet förmlich in Wut. Am liebsten wäre er gleich über die Spielgenossen hergefallen und hätte auf sie losgeschlagen. Aber er wusste, dass er da schlecht angekommen wäre. Er hielt ja auch noch den Faden seines herrlichen Drachens in der Hand und wollte ihn nicht loslassen. Dabei gebärdete er sich so täppisch, dass die anderen lachen mussten, sie mochten wollen oder nicht.
„Ich will euch lehren, über mich zu lachen!“, schrie er jetzt, da er sich nicht anders zu helfen wusste. „Nero! Fass die Buben da! Fass!“
Nero, so jung er war, pflegte sonst gern den Leuten, auf die er gehetzt wurde, ein Stück aus der Hose zu zerren oder sie in die Waden zu zwicken. Heute war er vernünftiger als sein Herr und in lustiger Laune. Statt die anderen Knaben anzufallen, sprang er spielend an Hannes herauf und hinderte den am Laufen.
„Fass! Nero! Fass!“, schrie er fortwährend und tat alles Mögliche, den Hund böse zu machen. Da fiel aber sein eigener Drachen genau in der Richtung nieder, wo er das Tier hinhetzte. Sowie Nero, der nun endlich doch bissig gemacht war, den fallenden Papiervogel sah, wie der so jämmerlich am Boden zappelte, fuhr er wie der Wind darauf los, packte und zauste ihn, dass die Fetzen nur so herumflogen.
„Nero, lass los!“, schrie der Hannes voller Schrecken, „lass los!“ Dabei lief er, was er nur konnte, dem Hund nach.
Ja, schrei und lauf du, so viel du willst! Nero meinte, er müsse seine Beute nun auch gleich heimbringen. Mit den lustigsten Sprüngen, den Kopf stolz in die Höhe gereckt, trug er den zerfetzten Vogel in vollem Rennen nach Hause. Die großen Augen und das aufgerissene Maul, die auf den Drachen gemalt waren, passten herrlich zu der traurigen Lage des papiernen Ungeheuers. Es sah aus, als ob es aus Leibeskräften um Hilfe schreien wollte.

Und was tat der Hannes? Er lief und wütete immerfort hinter dem Hund her und merkte gar nicht, dass alle Leute, die das Spektakel mit ansahen, sich über die komische Jagd lustig machten.
Unterdessen spielten die anderen Knaben auf ihrer Pfingstwiese noch lange Zeit lustig zusammen und waren froh, den Hannes Großmaul los zu sein. – Wie mag der sein herrliches Prachtstück zu Hause wieder gefunden haben!

Was hilft's?

Was hilft's, ob auch die Uhr recht geht,
wenn's Kindchen doch zu spät aufsteht?
Was hilft's, wer eine Uhr besitzt
und doch die Zeit nicht recht benützt?
Die Uhr steht manchmal still vor Tücke,
die Zeit läuft vorwärts, nie zurücke!

Die fünf Hühnerchen

Ich war mal in dem Dorfe,
da gab es einen Sturm,
da zankten sich fünf Hühnerchen
um einen Regenwurm.
Und als kein Wurm mehr war zu sehn,
da sagten alle: „Piep!“
Da hatten die fünf Hühnerchen
einander wieder lieb.

Der faule Jockel

Ein Herr hatte einen faulen Knecht, der hieß Jockel. Als der Hafer reif war, sagte der Herr: „Jockel, nimm schnell die Sichel, geh auf den Acker, und sobald du den Hafer abgeschnitten hast, kommst du wieder nach Hause.“ Aber der Jockel nahm die Sichel, ging bis zu dem Haferacker, und als er sah, dass viel zu schneiden war, wollte er nicht anfangen, setzte sich unter einen Baum, gähnte und schlief ein. Als der Jockel gar nicht nach Hause kam, wurde es dem Herrn zu lange. Weil er keinen Menschen hatte, schickte er seinen Pudel hinaus, um den Jockel zu beißen, bis er den Hafer abgeschnitten hätte und nach Hause ginge. Aber der Pudel war nicht so böse. Als er den Jockel schlafen sah, dachte er: „Der macht es gescheit“, legte sich zu dem Jockel und schlief auch ein.

Nun war der Hafer nicht geschnitten, und der Jockel kam nicht nach Hause und der Pudel auch nicht. Da war der Herr noch ärgerlicher und sprach zu dem Prügel, der in der Ecke stand: „Prügel, beeil dich, lauf hinaus auf den Acker und prügle den Pudel, bis er den Jockel beißt, dass dieser den Hafer schneidet und dass ihr alle drei nach Hause kommt.“ Der Prügel lief hin. Weil er aber den Pudel schlafend fand, dachte er, er könne ja warten, bis dieser aufwache, und ihn dann immer noch genug prügeln. So legte er sich zu den anderen und schlief auch.

Als auch der Prügel nicht nach Hause kam, riss dem Herrn endlich die Geduld. Voll Zorn machte er sich selbst auf und sah mit Erstaunen den Hafer noch stehen und seine drei Abgesandten daneben liegen und schlafen. „Jetzt will ich doch einmal sehen, ob ich den Jockel nicht auf die Beine bringe", sprach er, ergriff den Prügel und prügelte damit den Pudel. Der Pudel fuhr aus dem Schlaf auf und biss den Jockel in die Beine, dass dieser Au und Weh schrie. Als er aber seinen Herrn erblickte, da fiel dem Jockel seine Arbeit ein. Schnell nahm er die Sichel und machte sich an den Hafer. Ehe es Abend war, war der Acker leer und der Jockel, der Pudel und der Prügel wieder zu Hause. Da sagte der Herr: „Nächstes Mal will ich es gleich so machen."

Hexenfrau

In der Weide drüben, schau,
hockt die kleine Hexenfrau:
Knollennase, Zottelmähne,
Krallenfinger, gelbe Zähne.
Kommt die Sonn heraus,
ist der Spuk schnell aus.

Brüderchen und Schwesterchen

Brüderchen nahm sein Schwesterchen an der Hand und sprach: „Seit die Mutter tot ist, haben wir keine gute Stunde mehr. Die Stiefmutter schlägt uns jeden Tag und wenn wir zu ihr kommen, stößt sie uns mit den Füßen fort. Die harten Brotkrusten, die übrig bleiben, sind unsere Speise und dem Hund unter dem Tisch geht es besser, dem wirft sie noch manchmal einen guten Bissen zu. Wenn das unsere Mutter wüsste! Komm, wir wollen miteinander in die weite Welt gehen."

Sie gingen den ganzen Tag über Wiesen, Felder und Steine, und wenn es regnete, sprach das Schwesterchen: „Gott und unsere Herzen, die weinen zusammen!"

Abends kamen sie in einen großen Wald und waren so müde, dass sie sich in einen hohlen Baum legten und einschliefen.

Am anderen Morgen, als sie aufwachten, stand die Sonne schon hoch am Himmel und schien heiß in den Baum hinein.
Da sprach das Brüderchen: „Schwesterchen, ich habe Durst, wenn ich einen Brunnen wüsste, würde ich trinken. Ich meine, ich höre einen rauschen."
Brüderchen stand auf, nahm Schwesterchen an der Hand und sie wollten den Brunnen suchen. Die böse Stiefmutter aber war eine Hexe und hatte wohl gesehen, wie die beiden Kinder fortgegangen waren, war ihnen nachgeschlichen, heimlich, wie die Hexen schleichen, und hatte alle Brunnen im Wald verwünscht.
Als sie nun einen Brunnen fanden, der so glitzerig über die Steine sprang, wollte das Brüderchen daraus trinken, aber das Schwesterchen hörte, wie er im Rauschen sprach: „Wer aus mir trinkt, wird ein Tiger, wer aus mir trinkt, wird ein Tiger."
Da rief das Schwesterchen: „Ich bitte dich, Brüderchen, trink nicht, sonst wirst du ein wildes Tier und zerreißt mich." Das Brüderchen trank nicht, obwohl es so großen Durst hatte und sprach: „Ich will warten bis zur nächsten Quelle." Als sie zum zweiten Brunnen kamen, hörte das Schwesterchen, wie auch dieser sprach: „Wer aus mir trinkt, wird ein Wolf, wer aus mir trinkt, wird ein Wolf."
Da rief das Schwesterchen: „Brüderchen, bitte trink nicht, sonst wirst du ein Wolf und frisst mich." Das Brüderchen trank nicht und sprach: „Ich will warten, bis wir zur nächsten Quelle kommen, aber dann muss ich trinken, mein Durst ist zu groß."
Und als sie zum dritten Brunnen kamen, hörte das Schwesterlein, wie es im Rauschen sprach: „Wer aus mir trinkt, wird ein Reh, wer aus mir trinkt, wird ein Reh."
Das Schwesterchen sprach: „Ach Brüderchen, ich bitte dich, trink nicht, sonst wirst du ein Reh und läufst mir fort."
Aber das Brüderchen hatte sich gleich beim Brunnen niedergekniet, hinabgebeugt und von dem Wasser getrunken und wie die ersten Tropfen auf seine Lippen gekommen waren, lag es da als Rehkälbchen.

Nun weinte das Schwesterchen über das arme verwünschte Brüderchen und das Reh weinte auch und saß traurig neben ihm. Da sagte das Mädchen endlich: „Sei still, liebes Reh, ich will dich ja nie verlassen." Dann band es sein goldenes Strumpfband ab und band es dem Reh um den Hals und rupfte Gräser und flocht ein weiches Seil daraus. Daran band es das Tier, führte es weiter und ging immer tiefer in den Wald hinein. Und als sie lange gegangen waren, kamen sie endlich an ein kleines Haus und das Mädchen schaute hinein, und weil es leer war, dachte es: „Hier können wir bleiben und wohnen."

Da suchte es dem Reh Laub und Moos für ein weiches Lager und jeden Morgen ging es hinaus und sammelte für sich Wurzeln, Beeren und Nüsse und für das Reh brachte es Gras mit, das fraß es ihm aus der Hand, war vergnügt und spielte vor ihm herum. Abends, wenn Schwesterchen müde war und gebetet hatte, legte es seinen Kopf auf den Rücken des Rehkälbchens, das war sein Kissen, auf dem es sanft einschlief. Und hätte das Brüderchen nur seine menschliche Gestalt gehabt, es wäre ein herrliches Leben gewesen.

Eines Tages hielt der König des Landes eine große Jagd in dem Wald. Da schallte das Hörnerblasen, Hundegebell und das lustige Geschrei der Jäger durch die Bäume und das Reh hörte es und wäre zu gerne dabei gewesen. „Ach“, sprach es zum Schwesterlein, „lass mich hinaus in die Jagd, ich kann es nicht mehr länger aushalten“, und bat so lange, bis es einwilligte. „Aber“, sprach es zu ihm, „komm ja abends wieder, vor den wilden Jägern schließ ich meine Tür. Damit ich dich kenne, klopf und sprich: Mein Schwesterlein, lass mich herein, und wenn du nicht so sprichst, schließ ich mein Türlein nicht auf.“ Nun sprang das Rehchen hinaus in den Wald.
Der König und seine Jäger sahen das schöne Tier und setzten ihm nach, aber sie konnten es nicht einholen und wenn sie meinten, sie hätten es, da sprang es über das Gebüsch weg und war verschwunden. Als es dunkel wurde, lief es zu dem Häuschen, klopfte und sprach: „Mein Schwesterlein, lass mich herein.“ Da wurde ihm die kleine Tür aufgemacht, es sprang hinein und ruhte sich die ganze Nacht auf seinem weichen Lager aus.
Am anderen Morgen fing die Jagd von neuem an, und als das Rehlein wieder das Horn hörte und das Hallo der Jäger, da hatte es keine Ruhe und sprach: „Schwesterchen, mach mir auf, ich muss hinaus.“ Das Schwesterchen öffnete ihm die Tür und sagte: „Aber am Abend musst du wieder da sein und dein Sprüchlein sagen.“
Als der König und seine Jäger das Rehlein mit dem goldenen Halsband wieder sahen, jagten sie ihm alle nach, aber es war ihnen zu schnell. Das ging den ganzen Tag so, endlich aber hatten es die Jäger abends umzingelt und einer verwundete es ein wenig am Fuß, sodass es hinken musste und langsam fortlief. Da schlich ihm ein Jäger nach bis zu dem Häuschen und hörte, wie es rief: „Mein Schwesterlein, lass mich herein“, und sah, dass die Tür ihm geöffnet und sofort wieder zugeschlossen wurde. Der Jäger behielt das alles wohl im Sinn, ging zum König und erzählte ihm, was er gesehen und gehört hatte. Da sprach der König: „Morgen soll noch einmal gejagt werden.“

Das Schwesterchen aber erschrak gewaltig, als es sah, dass sein Rehkälbchen verwundet war. Es wusch ihm das Blut ab, legte Kräuter auf und sprach: „Leg dich auf dein Lager, mein liebes Rehchen, damit du wieder gesund wirst." Die Wunde aber war so klein, dass das Rehchen am Morgen nichts mehr davon spürte.

Und als es die Jagd wieder draußen hörte, sprach es: „Ich kann es nicht aushalten, ich muss dabei sein, so bald soll mich keiner kriegen."

Das Schwesterchen weinte und sprach: „Nun werden sie dich töten, und ich bin hier allein im Wald und bin verlassen von aller Welt, ich lass dich nicht hinaus." – „So sterb ich hier vor Betrübnis", antwortete das Rehchen. Da konnte das Schwesterchen nicht anders und schloss ihm mit schwerem Herzen die Tür auf und das Rehchen sprang in den Wald.

Als es der König erblickte, sprach er zu seinen Jägern: „Nun jagt ihm nach den ganzen Tag bis in die Nacht, aber dass ihm keiner etwas zu Leide tut."

Sobald die Sonne untergegangen war, sprach der König zum Jäger: „Nun komm und zeig mir das Waldhäuschen." Und als er vor der Tür war, klopfte er an und rief: „Lieb Schwesterlein, lass mich herein." Da ging die Tür auf, der König trat herein und da stand das Mädchen, das war so schön, wie er noch keins gesehen hatte. Das Mädchen erschrak, als es sah, dass nicht sein Reh, sondern ein Mann hereinkam, der eine goldene Krone auf dem Haupt hatte. Aber der König sah es freundlich an, reichte ihm die Hand und sprach: „Willst du mit mir auf mein Schloss gehen und meine liebe Frau werden?" – „Ach ja", antwortete das Mädchen, „aber das Rehchen muss auch mit, das verlass ich nicht." Der König antwortete: „Es soll bei dir bleiben, solange du lebst, und es soll ihm an nichts fehlen." Währenddessen kam es hereingesprungen, da band es das Schwesterchen wieder an das Binsenseil, nahm das Seil selbst in die Hand und ging mit ihm aus dem Waldhäuschen fort.

Der König nahm das schöne Mädchen auf sein Pferd und führte es in sein Schloss, wo die Hochzeit mit großer Pracht gefeiert wurde, es war nun die Frau Königin und sie lebten lange Zeit vergnügt zusammen. Das Reh wurde gehegt und gepflegt und sprang in dem Schlossgarten herum. Die böse Stiefmutter aber, um derentwillen die Kinder in die Welt hinausgegangen waren, glaubte, dass Schwesterchen von den wilden Tieren im Wald zerrissen und Brüderchen als ein Rehkalb von den Jägern totgeschossen worden wäre. Als sie nun hörte, dass sie so glücklich waren und es ihnen so wohl ging, da wurden Neid und Missgunst in ihrem Herzen wach und ließen ihr keine Ruhe. Sie hatte keinen anderen Gedanken, als wie sie die beiden doch noch ins Unglück bringen könnte. Ihre eigene Tochter, die hässlich war wie die Nacht und nur ein Auge hatte, die machte ihr Vorwürfe und sprach: „Eine Königin zu werden, das Glück hätte mir gebührt.“ – „Sei nur still“, sagte die Alte und beruhigte sie: „Wenn es Zeit ist, will ich schon bei der Hand sein.“

Als nun die Zeit herangerückt war und die Königin ein schönes Knäblein bekommen hatte, und der König gerade auf der Jagd war, nahm die alte Hexe die Gestalt der Kammerfrau an, trat in die Stube, wo die Königin lag, und sprach zu der Kranken:
„Kommt, das Bad ist fertig, das wird Euch wohl tun und frische Kräfte geben, geschwind, ehe es kalt wird.“ Ihre Tochter war auch bei der Hand, sie trugen die schwache Königin in die Badestube und legten sie in die Wanne, dann schlossen sie die Tür ab und liefen davon. In der Badestube aber hatten sie ein richtiges Höllenfeuer angemacht, sodass die junge Königin bald ersticken musste.
Als das vollbracht war, nahm die Alte ihre Tochter, setzte ihr eine Haube auf, und legte sie ins Bett an Stelle der Königin. Sie gab ihr auch die Gestalt und das Aussehen der Königin, nur das verlorene Auge konnte sie ihr nicht wiedergeben.
Damit es aber der König nicht merkte, musste sie sich auf die Seite legen, auf der sie kein Auge hatte.

Am Abend, als der König heimkam und hörte, dass ihm ein Söhnlein geboren war, freute er sich herzlich und wollte ans Bett seiner lieben Frau gehen und sehen, was sie machte. Da rief die Alte geschwind: „Beileibe, lasst die Vorhänge zu, die Königin darf noch nicht ins Licht sehen und muss Ruhe haben." Der König ging zurück und wusste nicht, dass eine falsche Königin im Bett lag.
Als es aber Mitternacht war und alles schlief, da sah die Kinderfrau, die in der Kinderstube neben der Wiege saß und allein noch wachte, wie die Tür aufging und die richtige Königin hereintrat. Sie nahm das Kind aus der Wiege, legte es in ihren Arm und gab ihm zu trinken. Dann schüttelte sie ihm sein Kisschen, legte es wieder hinein und deckte es mit dem Deckbettchen zu. Sie vergaß aber auch das Reh nicht, ging in die Ecke, wo es lag, und streichelte ihm über den Rücken. Darauf ging sie ganz stillschweigend wieder zur Tür hinaus, und die Kinderfrau fragte am anderen Morgen die Wächter, ob jemand während der Nacht ins Schloss gegangen wäre, aber sie antworteten: „Nein, wir haben niemand gesehen." So kam sie viele Nächte und sprach niemals ein Wort dabei. Die Kinderfrau sah sie immer, aber sie getraute sich nicht, jemand etwas davon zu sagen.
Als nun einige Zeit verflossen war, da fing die Königin in der Nacht zu reden an und sprach:

„Was macht mein Kind? Was macht mein Reh?
Nun komm ich noch zweimal und dann nimmermehr."

Die Kinderfrau antwortete ihr nicht, aber als sie wieder verschwunden war, ging sie zum König und erzählte ihm alles. Der König sprach: „Ach Gott, was ist das? Ich will in der nächsten Nacht bei dem Kind wachen." Abends ging er in die Kinderstube, aber um Mitternacht erschien die Königin wieder und sprach:

„Was macht mein Kind? Was macht mein Reh?
Nun komm ich noch einmal und dann nimmermehr."

Und sie pflegte dann das Kind, wie sie es gewöhnlich tat, ehe sie verschwand. Der König getraute sich nicht, sie anzureden, aber er wachte auch in der folgenden Nacht. Sie sprach abermals:

„Was macht mein Kind? Was macht mein Reh?
Nun komm ich noch diesmal und dann nimmermehr.“

Da konnte sich der König nicht zurückhalten, sprang zu ihr hin und sprach: „Du kannst niemand anders sein als meine liebe Frau.“ Da antwortete sie: „Ja, ich bin deine liebe Frau“, und hatte in diesem Augenblick durch Gottes Gnade das Leben wieder erhalten, war frisch, rot und gesund.

Darauf erzählte sie dem König von dem Verbrechen, das die böse Hexe und ihre Tochter an ihr verübt hatten.
Der König ließ beide vor Gericht führen und es wurde ihnen das Urteil gesprochen. Die Tochter wurde in den Wald geführt, wo sie die wilden Tiere zerrissen, die Hexe aber wurde ins Feuer gelegt und musste jammervoll verbrennen. Und wie sie zu Asche verbrannt war, verwandelte sich das Rehkälbchen und erhielt seine menschliche Gestalt wieder.
Brüderchen und Schwesterchen aber lebten glücklich zusammen bis an ihr Ende.

Ruft man: Büblein, komm und iss!

Ruft man: Büblein, komm und iss! –
folgt der Schlingel gleich gewiss;
heißt es aber: Komm und lern! –
tut er's da wohl auch so gern?

Kinderpredigt

Ein Huhn und ein Hahn,
die Predigt geht an,
ein' Kuh und ein Kalb,
die Predigt ist halb,
ein' Katz und ein' Maus,
die Predigt ist aus,
geht alle nach Haus
und haltet ein' Schmaus.
Habt ihr was, so esst es,
habt ihr nichts, vergesst es,
habt ihr ein Stückchen Brot,
so teilt es mit der Not,
und habt ihr noch ein Brosämlein,
so streuet es den Vögelein.

Das Ährenfeld

Ein Leben war's im Ährenfeld
wie sonst wohl nirgends auf der Welt:
Musik und Kirmes weit und breit
und lauter Lust und Fröhlichkeit.

Die Grillen zirpten früh am Tag
und luden ein zum Zechgelag:
„Hier ist es gut, herein, herein!
Hier schenkt man Tau und Blütenwein!"

Der Käfer kam mit seiner Frau,
trank hier ein Mäßlein kühlen Tau,
und wo nur winkt ein Blümelein,
da kehrte gleich das Bienchen ein.

Den Fliegen ward die Zeit nicht lang,
sie summten manchen frohen Sang.
Die Mücken tanzten ihren Reig'n
wohl auf und ab im Sonnenschein.

Das war ein Leben ringsumher,
als ob es ewig Kirmes wär.
Die Gäste zogen aus und ein
und ließen sich's gar wohl dort sein.

Wie aber geht es in der Welt?
Heut ist gemäht das Ährenfeld,
zerstöret ist das schöne Haus
und hin ist Kirmes, Tanz und Schmaus.

Das Hirtenbüblein

Es war einmal ein Hirtenbüblein, das war wegen seiner Antworten, die es auf alle Fragen gab, weit und breit berühmt. Der König des Landes hörte auch davon, glaubte es nicht und ließ das Bübchen kommen. Da sprach er zu ihm: „Kannst du mir auf drei Fragen, die ich dir vorlegen will, Antwort geben, so will ich dich ansehen wie mein eigenes Kind, und du sollst bei mir in meinem königlichen Schloss wohnen.“ Sprach das Büblein: „Wie lauten die drei Fragen?“ Der König sagte: „Die erste lautet: Wie viele Tropfen Wasser sind in dem Weltmeer?“ Das Hirtenbüblein antwortete: „Herr König, lasst alle Flüsse auf der Erde verstopfen, damit kein Tröpflein mehr daraus ins Meer läuft, das ich nicht erst gezählt habe, so will ich Euch sagen, wie viele Tropfen im Meer sind.“ Sprach der König: „Die andere Frage lautet: Wie viele Sterne stehen am Himmel?“ Das Hirtenbüblein sagte: „Gebt mir einen großen Bogen weißes Papier!“ Und dann machte es mit der Feder so viele feine Punkte darauf, dass sie kaum zu sehen und fast gar nicht zu zählen waren und einem die Augen vergingen, wenn man darauf blickte.

Darauf sprach es: „So viele Sterne stehen am Himmel wie hier Punkte auf dem Papier. Zählt sie nur!“ Aber niemand war dazu im Stande. – Sprach der König: „Die dritte Frage lautet: Wie viele Sekunden hat die Ewigkeit?“ Da sagte das Hirtenbüblein: „In Hinterpommern liegt der Diamantberg, der hat eine Stunde in die Höhe, eine Stunde in die Breite und eine Stunde in die Tiefe. Dahin kommt alle hundert Jahre ein Vögelein und wetzt sein Schnäblein daran und wenn der ganze Berg abgewetzt ist, dann ist die erste Sekunde von der Ewigkeit vorbei.“

Sprach der König: „Du hast die drei Fragen gelöst wie ein Weiser und sollst von nun an bei mir in meinem Schloss wohnen. Ich werde dich wie mein eigenes Kind behandeln.“

Vom unordentlichen Max

Max war sehr unordentlich.
Seine Sachen legt' er sich
nie zurecht, nie abends nett
seine Kleider vor das Bett.

Nichts, nichts lag an seinem Ort,
ausgestreut lag's hier und dort.
Hier der eine Strumpf, beiseite
auf der Erde lag der zweite.

Hinterm Ofen lag ein Schuh,
seine Höschen auch dazu,
und der andre Schuh, er stand,
wo der Rock lag, an der Wand.

Aber seht nur, Kinder, seht,
wie es ihm des Morgens geht!
Vater nimmt die Kleider bunt,
zieht sie an dem großen Hund!

Zieht ihm an den Rock so warm,
und die Hos' und untern Arm
steckt er ihm die Mappe. Ah!
Max steht noch im Hemde da!

Und was will der Vater nun,
was der kleine Max soll tun?
In die Schule muss der Max
gehen mit dem Hunde stracks.

Seht nur den Max Liederlich
in dem Hemd! Wie schämt er sich!
Doch der Hund geht stolz einher,
als ob er ein Schüler wär!

Der Bauer und der Teufel

Es war einmal ein kluges und verschmitztes Bäuerlein, von dessen Streichen viel zu erzählen wäre: Die schönste Geschichte ist aber doch, wie er den Teufel einmal drangekriegt und zum Narren gehalten hat.
Das Bäuerlein hatte eines Tages seinen Acker bestellt und rüstete sich zur Heimfahrt, als die Dämmerung schon eingetreten war.
Da erblickte es mitten auf seinem Acker einen Haufen feurige Kohlen. Als es voll Verwunderung näher ging, saß oben auf der Glut ein kleiner schwarzer Teufel. „Du sitzt wohl auf einem Schatz?", sprach das Bäuerlein. „Jawohl", antwortete der Teufel, „auf einem Schatz, der mehr Gold und Silber enthält, als du dein Lebtag gesehen hast." – „Der Schatz liegt auf meinem Feld und gehört mir", sprach das Bäuerlein. „Er ist dein", antwortete der Teufel, „wenn du mir zwei Jahre lang die Hälfte von dem gibst, was dein Acker hervorbringt: Geld habe ich genug, aber ich trage Verlangen nach den Früchten der Erde."

Das Bäuerlein ging auf den Handel ein. „Damit aber kein Streit bei der Teilung entsteht“, sprach es, „so soll dir gehören, was über der Erde ist, und mir, was unter der Erde ist.“ Der Teufel war einverstanden, aber das listige Bäuerlein hatte Rüben gesät.
Als nun die Zeit der Ernte kam, erschien der Teufel und wollte seine Früchte holen. Er fand aber nichts als die welken Blätter, und das Bäuerlein, ganz vergnügt, grub seine Rüben aus. „Einmal hast du den Vorteil gehabt“, sprach der Teufel, „aber für das nächste Mal soll das nicht gelten. Dein ist, was über der Erde wächst, und mein, was darunter ist.“
„Mir auch recht“, antwortete das Bäuerlein. Als aber die Zeit zur Aussaat kam, säte das Bäuerlein nicht wieder Rüben, sondern Weizen. Die Frucht reifte. Da ging das Bäuerlein auf den Acker und schnitt die vollen Halme bis zur Erde ab. Als der Teufel kam, fand er nichts als die Stoppeln und fuhr wütend in eine Felsenschlucht hinab. „So muss man die Füchse prellen“, sprach das Bäuerlein, ging hin und holte sich den Schatz.

Aus dem Stück Holz wird Zäpfel Kern

Als Meister Jakob die vier Treppen zu seiner Dachkammer hinaufstieg, murmelte er nach seiner Gewohnheit vor sich hin: „Sapperlot! Sapperlot! Tut mir mein Schienbein weh! Und müde bin ich auch. Aber schlafen? Nein, nein! Ich muss noch heute mein Kasperle schnitzen! – Das soll ein Kasperle werden, wie noch keines da war! Der König aller Kasperle! Und es soll ganz sein wie ein wirklicher Mensch. Aus einem Stück Holz ein Kasperle machen, das laufen, tanzen, springen, Purzelbaum schlagen kann – das ist Kunst! Dazu braucht man Witz!"
Nun kam er zu seiner Türe, schloss sie auf und trat in seine Stube.

Sehr reich sah es darin nicht aus. Die Stube hatte schiefe Wände und nur ein einziges kleines Dachfenster. Ein wackliger, alter Tisch stand in der Mitte und darauf eine kleine Öllampe. Als Meister Jakob sie nun anzündete, konnte man noch ein schmales Bett erblicken, einen Stuhl, einen Waschtisch und ein Regal, auf dem allerhand Messer zum Schnitzen, ein paar Leimtöpfe und bunte Puppenkleider waren. In einer Ecke stand auch noch ein Ofen. Meister Jakob trat an den Ofen heran und hielt seine etwas kalten Hände darüber. „Das tut gut“, sprach er, „wenn man ein wenig friert. Wenn man Fantasie hat, braucht man keine Kohle.“
Dann holte er sein Schnitzmesser, schob den Stuhl an den Tisch, setzte sich darauf und nahm sich das Stück Holz vor. „Zuerst muss das Kind einen Namen haben“, murmelte er. „Ich muss doch wissen, wen ich mache! Hihi! ... Soll ich ihn Jakob den Jüngeren nennen?“
„Da muss ich doch schön bitten!“, rief ein dünnes Stimmchen, „ich heiße doch Zäpfel Kern!“

Wie der alte Jakob das hörte, erschrak er nicht, sondern sagte ganz einfach: „So, du hast also schon einen Namen? Umso besser! Dann brauche ich mir darüber nicht erst den Kopf zu zerbrechen! – Also Zäpfel Kern? Fein! Zäpfel ist so etwas wie Hänsel oder Fränzel und Kern – Kern, das klingt ganz hübsch und dauerhaft. Dafür will ich dir aber auch ein wunderschönes Köpfel schnitzen, mein lieber Zäpfel. Ein reizendes Zäpfelköpfel. Hihi!"

Und er fing an und schnitzte. Erst war's nur eine runde Kugel. Dann grub er Locken hinein. Dann glättete er einen schönen und breiten Stirnbogen ab. Dann brachte er darunter eirunde, geräumige Höhlen für die Augen an. Kaum war dies geschehen, da waren auch schon – wer weiß, woher – ein paar blanke, blaue Augen da, die ihn ganz frech anglotzten. Meister Jakob fand das gar nicht artig und sprach: „Sieht man seinen Papa so unverschämt an, he?" Aber es erfolgte keine Antwort. Daher hielt sich Meister Jakob nicht weiter bei den Augen auf, sondern er begann die Nase herauszuschnitzen. Da geschah aber etwas Sonderbares: Je mehr er an der Nase herumschnitzte, desto länger wurde sie.

„Was ist denn das wieder, Zäpfel", rief der Meister, „ich wünsche, dass du eine anständige und runde kleine Stupsnase kriegst, und da wächst dir ein Zinken aus dem Gesicht, wie er frecher und länger nicht gedacht werden kann. Das wird keine schöne Nase!"

Aber die Nase kümmerte sich nicht um diese Einwendungen.

Sie wuchs und wuchs, und als sie lange genug gewachsen war, krümmte sie sich nach unten und stand dann fest wie eine richtige Kasperlenase.

„Auch gut", meinte Meister Jakob, „ganz wie es beliebt. Ich mach mich jetzt also an den Mund." Und er setzte das Messer quer an und machte einen sauberen, nicht zu langen Einschnitt, aber ritsch–ratsch fuhr der Einschnitt rechts und links auseinander, öffnete sich weit und lachte, lachte, lachte!

„Was sind denn das wieder für Geschichten!", schrie der Meister.

„Wirst du gleich mit dem ungezogenen Gemecker aufhören?" „Hehehe!", lachte der Mund. „Mach die Klappe zu!", rief der Alte. „Hahaha!", lachte der Mund. „Artig sein!", gebot der Meister. „Hihihi!", lachte der Mund. „Schweig, oder ich stopf dir meine Perücke in den Schlund!", brüllte der Meister Jakob zornig. Das half. Der Mund hörte auf zu lachen, streckte dafür aber seine Zunge so weit heraus, wie es nur irgend möglich war.

Aber der Meister übersah diese neue Unart und setzte seine Arbeit fort. Er schnitzte kunstvoll ein kräftiges, scharf nach vorn herausstehendes Kinn, das gut zu der großen Nase passte. Dann fügte er einen runden, starken Hals hinzu, von dem aus er ein paar breite, etwas eckige Schultern ausgehen ließ. Nun setzte er einen schönen, weiten Brustkorb darunter und vergaß auch nicht, ein hübsches Bäuchlein zu machen. Dann setzte er noch Arme und Hände mit kunstreichen Gelenken und Fingern an.

Als er sich jetzt umwandte, um ein anderes Werkzeug vom Regal zu holen, fühlte er es plötzlich auf seinem Kopf kalt werden. Als er sich umdrehte, sah er seine Perücke in den kaum erst fertig gewordenen Händen der frechen Gestalt. Das versetzte ihn in großen Zorn, und er rief: „Wirst du mir wohl gleich meine Perücke wiedergeben, du ganz frecher Junge! Bist du schon ungezogen, ehe ich dich noch ganz fertig geschnitzt habe?“
Zäpfel Kern aber saß auf dem Tisch, als wollte er mit den Beinen baumeln, die er noch gar nicht hatte. Statt die Perücke herzugeben, setzte er sich diese auf den Kopf und kicherte spöttisch unter dem Haarschopf, der ihn völlig verdeckte. Diese neue Frechheit stimmte den kunstfertigen Meister ganz traurig: „Ach, du lieber Gott“, seufzte er, „was werde ich von diesem schrecklichen Kasperle noch alles auszustehen haben! Noch ohne Beine hat er keine Achtung vor meiner schönen Perücke. Ich muss einen Fehler gemacht haben. Vielleicht hätte ich doch nicht wünschen sollen, dass er ganz wie ein Mensch wird. Ach, ach, ach, ich fürchte, ich fürchte, ich habe eine Dummheit gemacht!“

Und er setzte sich ganz betrübt auf seinen Stuhl. Da klang es ganz sanft unter der Perücke hervor: „Unsinn! Setz deine Suppennudeln auf und mach mir Beine!" Das ließ sich Meister Jakob nicht zweimal sagen. Kaum hatte er aber Zäpfel Beine und Füße angesetzt, fing dieser auch schon unverschämt an zu strampeln, dass der Alte mehr als einmal Fußtritte zu verspüren glaubte. „Dazu sind die Füße nicht da", rief er, „sondern zum Gehen." – „Was ist denn das?", fragte Zäpfel Kern neugierig. „Das sollst du gleich lernen", antwortete der Meister. Er hob Zäpfel vom Tisch auf die Erde, nahm ihn an der Hand und befahl: „Rechts! Links! Rechts! Links! Rechts! Links!", und marschierte mit ihm in der Stube auf und ab. Anfangs ging es nur langsam, zögernd und steifbeinig, aber bald war Zäpfel Herr über seine Beine. Nun befahl er selber:

„Rechten! Linken! Speck und Schinken!
Linken! Rechten! Finken! Spechten!
Hin und her, herum, heraus!
Durch die Türe aus dem Haus!"

Zwergen-Oma

Zwergen-Oma hat gestrickt,
ist beim Stricken eingenickt.
Dass heut ihr Geburtstag war,
das vergaß sie ganz und gar.

Hinterm Bach

Hinterm Bach kannst du sehn,
wie die Mäuse betteln gehn.
Und die grünen Frösche quaken,
Ringelreihen tanzen Schnaken
überm Bach, überm Bach,
ach.

Ausfahren

Ri, ra, rutsch!
Wir fahren in der Kutsch!
Das Pferdchen, das muss traben!
Wer kann es besser haben?
Es wirbelt auf der Staub,
es fliegt empor das Laub,
wo wir vorüber flitzen.
Wir bleiben ruhig sitzen,
behaglich, still und heiter
und kommen dennoch weiter!
Ri, ra, rutsch!
Wir fahren in der Kutsch!

Im Regen

Es regnet, es regnet,
es regnet seinen Lauf,
und wenn's genug geregnet hat,
so hört es wieder auf.

Regen, Regen, Tröpfchen,
es regnet auf mein Köpfchen,
es regnet in das grüne Gras,
da werden meine Füße nass.

Das Abenteuer im Wald

Es regnete vom Himmel, was herunter wollte. Die Tannen schüttelten den Kopf und sagten zueinander: „Wer hätte am Morgen gedacht, dass es so kommen würde!" Von den Bäumen tropfte es auf die Sträucher, von den Sträuchern auf das Farnkraut und das Wasser lief in unzähligen kleinen Bächen zwischen dem Moos und den Steinen. Am Nachmittag hatte der Regen angefangen und nun wurde es schon dunkel, und der Laubfrosch, der vor dem Schlafengehen noch einmal nach dem Wetter sah, sagte zu seinem Nachbarn: „Vor morgen früh wird es nicht aufhören."

Derselben Ansicht war eine Ameise, die bei diesem Wetter im Wald spazieren ging. Sie war am Vormittag mit Eiern in Tannenberg auf dem Markt gewesen und trug jetzt den Erlös in einem kleinen blauen Leinenbeutel nach Hause. Bei jedem Schritt seufzte und jammerte sie. „Das Kleid ist hin", dachte sie, „und der Hut auch! Hätte ich nur den Regenschirm nicht stehen lassen oder hätte ich wenigstens die Galoschen angezogen! Aber mit diesen Schuhen in solchem Regen ist gar kein Fortkommen!" Während sie so sprach, sah sie gerade vor sich in der Dämmerung einen großen Pilz. Freudig ging sie darauf zu. „Das passt!", rief sie, „das ist ja ein Wetterdach, wie es nicht besser bestellt werden kann. Hier bleibe ich, bis es aufhört zu regnen. Wie es scheint, wohnt hier niemand – desto besser! Ich werde mich sogleich häuslich einrichten." Das tat sie dann auch. Sie war eben dabei, das Regenwasser aus den Schuhen zu gießen, als sie bemerkte, dass draußen eine kleine Grille stand, die auf dem Rücken ihr Violinchen trug. „Hör, Ameischen", sagte die Grille, „ist es erlaubt hier unterzutreten?" – „Nur immer herein!", erwiderte die Ameise, „es ist mir lieb, dass ich Gesellschaft bekomme." – „Ich habe heute", sagte die Grille, „zur Kirmes aufgespielt. Es ist ein bisschen spät geworden, und nun freue ich mich, dass ich hier die Nacht bleiben kann. Denn das Wetter ist ja schrecklich und wer weiß, ob ich noch ein offenes Wirtshaus finde."

Also trat die Grille ein, hing ihr Violinchen auf und setzte sich zu der Ameise. Noch nicht lange saßen sie, als sie in der Ferne ein Lichtlein schimmern sahen. Als es näher kam, stellte es sich als ein Laternchen heraus, das von einem Johanniswürmchen in der Hand getragen wurde. „Ich bitte euch“, sagte das Johanniswürmchen, höflich grüßend, „lasst mich die Nacht hier bleiben! Ich wollte eigentlich nach Moosbach zu meinem Vetter, habe mich aber im Wald verirrt und weiß weder ein noch aus.“

„Nur immer zu!“, sagten die beiden, „es ist recht gut für uns, dass wir Beleuchtung bekommen.“ Gern folgte das Johanniswürmchen der Aufforderung und stellte sein Laternchen auf den Tisch.

Der Schein des Lichtes führte ihnen bald einen Wanderer zu, der ziemlich ungeschickt über Laub und Moos angestolpert kam. Es war ein Käfer von der großen Art. Ohne guten Abend zu sagen, trat er ein. „Aha!“, rief er, „so bin ich doch recht gegangen und dies ist die Zimmergesellenherberge.“ Mit diesen Worten setzte er sich, holte einen Beutel hervor und begann sein Abendbrot zu verzehren.

„Ja, ja“, sagte er, „wenn man den Tag über Holz gebohrt hat, dann schmeckt das Essen.“ Als er mit dem Essen fertig war, stopfte er sich seine Pfeife, ließ sich von dem Johanniswürmchen Feuer geben, zündete an und begann ganz gemütlich zu rauchen.

Unterdessen war es draußen ganz finster geworden und das Wetter schlimmer als vorher. Da traf zur allgemeinen Verwunderung noch ein später Gast ein. Schon seit längerer Zeit hörte man in der Ferne ein eigentümliches Schnaufen, das kam langsam näher und näher und endlich erschien unter dem Pilz eine Schnecke, die ganz außer Atem war. „Das nenne ich laufen!", rief sie, „wie ein Tausendfuß bin ich gejagt, ordentlich das Milzstechen habe ich bekommen. Ich will nur gleich bemerken, dass ich im nächsten Dorf einen Brief bestellen muss, der Eile hat. Aber niemand kann über seine Kräfte, besonders wenn er sein Haus trägt. Wenn es die Gesellschaft erlaubt, will ich hier ein paar Stündchen rasten." Niemand hatte etwas dagegen, dass sich die Schnecke ein gemütliches Plätzchen aussuchte. Sie setzte sich vor die Haustür, holte ein Strickzeug hervor und fing an zu stricken.

So waren nun die fünf da versammelt, als die Ameise das Wort ergriff und sprach: „Warum sitzen wir so trübselig beieinander und langweilen uns, da wir uns die Zeit auf angenehme Weise verkürzen könnten? Ich sehe, dass die Grille ihr Violinchen bei sich hat. Wenn sie nicht gar zu müde ist, möchte ich sie bitten, uns ein lustiges Stücklein zu spielen, damit wir tanzen können."
Dieser Vorschlag fand allgemeinen Beifall. Die Grille ließ sich auch nicht lange nötigen, sondern stellte sich sogleich in die Mitte und spielte das lustige Tänzchen herunter, das sie auswendig wusste, während die anderen um sie herumtanzten. Nur die Schnecke tanzte nicht mit. „Ich bin", sagte sie, „nicht gewöhnt an das schnelle Herumwirbeln, mir wird zu leicht schwindelig. Aber tanzt, so viel ihr wollt, ich sehe mit Vergnügen zu." Die anderen ließen sich dann auch gar nicht stören, sondern vollführten einen Jubel, dass man es auf drei Schritte Entfernung hören konnte.

Aber ach! Durch welch ein furchtbares, ungeahntes Ereignis wurde plötzlich ihr Fest unterbrochen! Der Pilz, unter welchem die lustige Gesellschaft tanzte, gehörte leider einer alten Kröte. An schönen Tagen saß sie oben auf dem Dach, trat aber schlechtes Wetter ein, so kroch sie unter den Pilz, und es konnte ihretwegen regnen von Pfingsten bis Weihnachten.
Diese Kröte war nun am Nachmittag zu dem nächsten Moor zu ihrer Base, einer Unke, gegangen und hatte sich mit derselben bei Kaffee und Kuchen so viel erzählt, dass es darüber dunkel geworden war. Jetzt, am Abend, kam sie ganz leise nach Hause geschlichen.
Als sie in ihrem Haus den Jubel hörte, trat sie noch leiser auf.
So kam es, dass die Leutchen drinnen sie nicht eher bemerkten, als bis sie mitten unter ihnen stand.

Das war eine unerwartete Störung! Der Käfer fiel vor Schreck auf den Rücken, die Ameise sank aus einer Ohnmacht in die andere, das Johanniswürmchen dachte zu spät daran, dass es sein Laternchen hätte auslöschen sollen, um in der Dunkelheit zu entwischen. Die Grille ließ mitten im Takt ihr Violinchen fallen und selbst die Schnecke, die sonst nicht leicht aus der Fassung zu bringen ist, bekam Herzklopfen. Sie wusste sich aber schnell zu helfen. Sie kroch in ihr Häuschen, riegelte die Tür hinter sich ab und sprach zu sich: „Was da will, kann kommen! Ich bin für niemanden zu Hause."
Nun hättet ihr aber hören sollen, wie die Kröte die armen Leutchen heruntermachte. „Sieh einmal an", rief sie zornig, „da hat sich ein schönes Lumpengesindel zusammengefunden! Ist das hier eine Herberge für Landstreicher und Dorfmusikanten? Ich sage es ja, nicht aus dem Hause kann man sich rühren, gleich geht der Unfug los!

Augenblicklich packt jetzt eure Siebensachen und dann fort mit euch.“ Was war zu tun? Die armen Leute wagten gar nicht, sich erst aufs Bitten zu verlegen, sondern nahmen still ihre Sachen, riefen der Schnecke durchs Schlüsselloch zu, dass sie mitkommen solle, und hierauf marschierten sie alle los. Das war ein kläglicher Auszug! Voran das Johanniswürmchen, um auf dem Weg zu leuchten, dann der Käfer, dann die Ameise, dann das Grillchen und zuletzt die Schnecke. Der Käfer, der eine gute Laune hatte, rief von Zeit zu Zeit: „Ist hier kein Wirtshaus?“ Aber alles Rufen war vergeblich. Nach langem Umherirren fanden sie unter einer Baumwurzel ein trockenes Plätzchen. Da verbrachten sie die Nacht unter großer Unruhe und ohne viel zu schlafen. Sie waren zwar mit heiler Haut davongekommen, es blieb aber doch immer ein schlimmes Abenteuer, und die dabei gewesen sind, werden daran denken, solange sie leben.

Der Schneemann

Seht bloß den Schneemann, wie er weint,
und das nun schon seit Tagen.
Er weiß, sobald die Sonne scheint,
dann geht's ihm an den Kragen.

Und ist's dann eines Tags so weit,
dann macht er, wie ich glaube,
als wär's die allerhöchste Zeit,
sich schleunigst aus dem Staube. –

Am Nordpol hat er, wie ihr wisst,
ein Haus, ihr lieben Leute,
und wenn er nicht geschmolzen ist,
so lebt er da noch heute.

Das Bächlein

Du Bächlein, silberhell und klar,
du eilst vorüber immerdar.
Am Ufer steh ich, sinn und sinn:
Wo kommst du her? Wo gehst du hin?

„Ich komm aus dunkler Felsen Schoß,
mein Lauf geht über Blum' und Moos.
Auf meinem Spiegel schwebt so mild
des blauen Himmels freundlich Bild.

Drum hab ich frohen Kindersinn,
es treibt mich fort, weiß nicht wohin;
der mich gerufen aus dem Stein,
der, denk ich, wird mein Lenker sein."

Großes Geheimnis

Es liegt ein Knab am Bach
und sieht den Wellen nach.
Sie sprudeln und sie rauschen.
Er denkt: „Ich muss doch lauschen,
was all die Wellen plaudern!"
Und's Knäblein ohne Zaudern,
es bückt sich zu dem Quellchen,
da kommt ganz fix ein Wellchen
gesprudelt und gerauscht –
was hat es da gelauscht!

Doch kann es nichts verstehen
und eh es sich versehen,
bückt es sich tiefer hin –
und liegt im Wasser drin.
Zum Glücke war der Bach
ganz hell und klar und flach,
schnell sprang der Knab heraus
und sah ganz lustig aus.

Und als ich ihn gefragt,
was ihm der Bach gesagt,
sprach er nach kurzem Zaudern:
„Ihr dürft es keinem plaudern!
Ein groß' Geheimnis ist,
was er mir sagte, wisst!
Er sagte, wisst ihr, was?
Das Wasser, das macht nass!"

Der große Kohlkopf

Zwei Handwerksburschen, Josef und Benedikt, gingen einmal an dem Krautacker eines Dorfes vorbei.
„Sieh doch", sagte Josef, „was das für große Krautköpfe sind!" Denn so nannte er die Kohlköpfe.
„Ach", sagte Benedikt, der gern prahlte, „die sind gar nicht groß. Auf meiner Wanderschaft habe ich einmal einen Kohlkopf gesehen, der war viel größer als das Pfarrhaus dort."
Josef, der ein Kupferschmied war, sprach darauf: „Das ist ja erstaunlich. Aber ich habe einmal einen Kessel machen helfen, der war so groß wie die Kirche."
„Aber um Himmels willen", rief Benedikt, „wozu brauchte man denn einen so großen Kessel?"
Josef sagte: „Man wollte deinen Kohlkopf darin kochen."
Wer unverschämt mit Lügen prahlt, der wird mit gleicher Münz bezahlt.

Fips

Ein kleiner Hund mit Namen Fips
erhielt vom Onkel einen Schlips
aus gelb und roter Seide.

Die Tante aber hat, o denkt,
ihm noch ein Glöcklein drangehängt
zur Aug- und Ohrenweide.

Hei, ward der kleine Hund da stolz!
Das merkt sogar der Kaufmann Scholz
im Hause gegenüber.

Den grüßte Fips sonst mit dem Schwanz;
jetzt ging er voller Hoffart ganz
an seiner Tür vorüber.

Die Schaukel

Wie schön sich zu wiegen,
die Luft zu durchfliegen
am blühenden Baum!
Bald vorwärts vorüber,
bald rückwärts hinüber –
es ist wie ein Traum!

Die Ohren, sie brausen,
die Haare, sie sausen
und wehen hintan!
Ich schwebe und steige
bis hoch in die Zweige
des Baumes hinan.

Wie Vögel sich wiegen,
sich schwingen und fliegen
im luftigen Hauch:
Bald hin und bald wider
hinauf und hernieder,
so fliege ich auch!

Die Gäste der Buche

Mietegäste vier im Haus
hat die alte Buche,
tief im Keller wohnt die Maus,
nagt am Hungertuche.

Stolz auf seinen roten Rock
und gesparten Samen,
sitzt ein Herr im ersten Stock,
Eichhorn ist sein Namen.

Weiter oben hat der Specht
seine Werkstatt liegen,
hackt und zimmert kunstgerecht,
dass die Späne fliegen.

Auf dem Wipfel im Geäst
pfeift ein winzig kleiner
Musikante froh im Nest.
Miete zahlt nicht einer.

Das Waldhaus

Ein armer Holzhauer lebte mit seiner Frau und drei Töchtern in einer kleinen Hütte am Rand eines einsamen Waldes. Eines Morgens, als er wieder an seine Arbeit wollte, sagte er zu seiner Frau: „Lass mir mein Mittagbrot von dem ältesten Mädchen in den Wald bringen, ich werde sonst nicht fertig. Und damit es sich nicht verirrt", setzte er hinzu, „will ich einen Beutel mit Hirse mitnehmen und die Körner auf den Weg streuen." Als nun die Sonne mitten über dem Wald stand, machte sich das Mädchen mit einem Topf voll Suppe auf den Weg. Aber die Feld- und Waldsperlinge, die Lerchen und Finken, Amseln und Zeisige hatten die Hirse schon längst aufgepickt und das Mädchen konnte die Spur nicht finden. Da ging es auf gut Glück immer weiter, bis die Sonne sank und die Nacht einbrach. Die Bäume rauschten in der Dunkelheit, die Eulen schnarrten und es fing an, Angst zu bekommen. Da erblickte es in der Ferne ein Licht, das zwischen den Bäumen blinkte. Dort wohnen sicher Leute, dachte es, die mich über Nacht behalten, und ging auf das Licht zu. Nicht lange, so kam es an ein Haus, dessen Fenster erleuchtet waren. Es klopfte an und eine raue Stimme rief von innen: „Herein." Das Mädchen trat in die dunkle Diele und pochte an die Stubentür. „Nur herein!", rief die Stimme und als es öffnete, saß da ein alter, eisgrauer Mann an dem Tisch, hatte das Gesicht auf die beiden Hände gestützt, und sein weißer Bart floss über den Tisch herab fast bis auf die Erde. Am Ofen aber lagen drei Tiere, ein Hühnchen, ein Hähnchen und eine bunt gescheckte Kuh. Das Mädchen erzählte dem Alten sein Schicksal und bat um ein Nachtlager. Der Mann sprach:

„Schön Hühnchen,
schön Hähnchen
und du, schöne bunte Kuh,
was sagst du dazu?"

„Duks!“, antworteten die Tiere und das musste wohl heißen: „Wir sind einverstanden“, denn der Alte sprach weiter: „Hier ist Hülle und Fülle, geh hinaus an den Herd und koch uns ein Abendessen.“ Das Mädchen fand in der Küche Überfluss an allem und kochte eine gute Speise, aber an die Tiere dachte es nicht. Es trug die volle Schüssel auf den Tisch, setzte sich zu dem grauen Mann und aß. Als es satt war, sprach es: „Jetzt bin ich müde. Wo ist ein Bett, in dem ich schlafen kann?“ Die Tiere antworteten:

„Du hast mit ihm gegessen,
du hast mit ihm getrunken,
du hast an uns gar nicht gedacht,
nun sieh auch, wo du bleibst die Nacht.“

Da sprach der Alte: „Steig nur die Treppe hinauf. Da wirst du eine Kammer mit zwei Betten finden, schüttle sie auf und beziehe sie mit weißem Leinen, dann will ich auch kommen und mich schlafen legen.“ Das Mädchen stieg hinauf, und als es die Betten geschüttelt und frisch bezogen hatte, legte es sich in das eine, ohne weiter auf den Alten zu warten. Nach einiger Zeit aber kam der graue Mann, beleuchtete das Mädchen mit dem Licht und schüttelte den Kopf. Und als er sah, dass es fest eingeschlafen war, öffnete er eine Falltür und ließ es in den Keller sinken.
Der Holzhauer kam am späten Abend nach Hause und machte seiner Frau Vorwürfe, dass sie ihn den ganzen Tag habe hungern lassen. „Ich habe keine Schuld“, antwortete sie, „das Mädchen ist mit dem Mittagessen hinausgegangen, es muss sich verirrt haben. Morgen wird es schon wiederkommen.“
Der Holzhauer stand sehr früh auf, wollte in den Wald und verlangte, die zweite Tochter sollte ihm diesmal das Essen bringen. „Ich will einen Beutel mit Linsen mitnehmen“, sagte er, „die Körner sind größer als Hirse, das Mädchen wird sie besser sehen und kann den Weg nicht verfehlen.“ Zur Mittagszeit trug auch dieses Mädchen die

Speise hinaus, aber die Linsen waren verschwunden. Die Waldvögel hatten sie wie am vorigen Tag aufgepickt und keine übrig gelassen. Das Mädchen irrte im Wald umher, bis es Nacht wurde.

Da kam es ebenfalls zu dem Haus des Alten, wurde hereingerufen und bat um Speise und Nachtlager. Der Mann mit dem weißen Bart fragte wieder die Tiere:

„Schön Hühnchen,
schön Hähnchen
und du, schöne bunte Kuh,
was sagst du dazu?“

Die Tiere antworteten abermals: „Duks“, und es geschah alles wie am vorigen Tag. Das Mädchen kochte eine gute Speise, aß und trank mit dem Alten und kümmerte sich nicht um die Tiere. Und als es sich nach seinem Nachtlager erkundigte, antworteten sie:

„Du hast mit ihm gegessen,
du hast mit ihm getrunken,
du hast an uns gar nicht gedacht,
nun sieh auch, wo du bleibst die Nacht.“

Als es eingeschlafen war, kam der Alte, betrachtete es mit Kopfschütteln und ließ es in den Keller hinab.
Am dritten Morgen sprach der Holzhauer zu seiner Frau: „Schicke mir heute unser jüngstes Kind mit dem Essen hinaus, das ist immer gut und gehorsam gewesen, das wird auf dem rechten Weg bleiben und nicht, wie seine Schwestern, die wilden Hummeln, herumschwärmen.“ Die Mutter wollte nicht und sprach: „Soll ich mein liebstes Kind auch noch verlieren?“ – „Sei ohne Sorge“, antwortete er, „das Mädchen verirrt sich nicht, es ist zu klug und verständig. Außerdem will ich Erbsen mitnehmen und ausstreuen, die sind noch größer als Linsen und werden ihm den Weg zeigen.“ Aber als das Mädchen mit dem Korb am Arm hinauskam, hatten die Waldtauben die Erbsen schon im Kropf, und es wusste nicht, wohin es sich wenden sollte. Es war voll Sorgen und dachte ständig daran, wie der Vater hungern und die Mutter jammern würde, wenn es ausbliebe.

Als es finster wurde, erblickte es endlich das Lichtchen und kam an das Waldhaus. Es bat ganz freundlich, sie möchten es über Nacht beherbergen. Der Mann mit dem weißen Bart fragte wieder:

„Schön Hühnchen,
schön Hähnchen
und du, schöne bunte Kuh,
was sagst du dazu?“

„Duks“, sagten sie. Da trat das Mädchen an den Ofen, wo die Tiere lagen, und liebkoste Hühnchen und Hähnchen, indem es mit der Hand über die glatten Federn strich. Die bunte Kuh kraulte es zwischen den Hörnern. Und als es auf Geheiß des Alten eine gute Suppe bereitet hatte und die Schüssel auf dem Tisch stand, sprach es: „Soll ich mich sättigen und die guten Tiere sollen nichts haben? Draußen ist die Hülle und Fülle, erst will ich für sie sorgen.“ Da ging es, holte Gerste und streute sie dem Hühnchen und dem Hähnchen vor und brachte der Kuh wohlriechendes Heu, einen ganzen Arm voll. „Lasst's euch schmecken, ihr lieben Tiere“, sagte es, „und wenn ihr durstig seid, sollt ihr auch einen frischen Trunk haben.“ Dann trug es einen Eimer voll Wasser herein. Hühnchen und Hähnchen sprangen auf den Rand, steckten den Schnabel hinein und hielten den Kopf dann in die Höhe, wie die Vögel trinken, und die bunte Kuh tat auch einen herzhaften Zug.

Als die Tiere gefüttert waren, setzte sich das Mädchen zu dem Alten an den Tisch und aß, was er ihm übrig gelassen hatte. Nicht lange, so fingen Hühnchen und Hähnchen an, die Köpfchen zwischen die Flügel zu stecken und die bunte Kuh blinzelte mit den Augen. Da sprach das Mädchen: „Sollen wir uns nicht zur Ruhe begeben?"

„Schön Hühnchen,
schön Hähnchen
und du, schöne bunte Kuh,
was sagst du dazu?"

Die Tiere antworteten: „Duks,
du hast mit uns gegessen,
du hast mit uns getrunken,
du hast uns alle wohl bedacht,
wir wünschen dir eine gute Nacht."

Da ging das Mädchen die Treppe hinauf, schüttelte die Federkissen und bezog alles neu. Als es fertig war, kam der Alte und legte sich in das eine Bett, und sein weißer Bart reichte ihm bis an die Füße. Das Mädchen legte sich in das andere, tat sein Gebet und schlief ein. Es schlief ruhig bis Mitternacht. Da wurde es so unruhig in dem Hause, dass das Mädchen erwachte. Da fing es an, in den Ecken zu knittern und zu knattern, und die Tür sprang auf und schlug an die Wand. Die Balken dröhnten, als wenn sie aus ihren Fugen gerissen würden, und es war, als wenn die Treppe herabstürzte, und endlich krachte es, als wenn das ganze Dach zusammenfiele. Als es aber wieder still wurde und dem Mädchen nichts geschah, blieb es ruhig liegen und schlief wieder ein. Als es am Morgen bei hellem Sonnenschein aufwachte, was erblickten da seine Augen? Es lag in einem großen Saal, und ringsumher glänzte alles in königlicher Pracht. An den Wänden wuchsen auf grünseidenem Grund goldene Blumen in die Höhe, das Bett war von Elfenbein und die Decke darauf von rotem Samt, und auf einem Stuhl daneben stand ein Paar mit Perlen bestickte Pantoffeln. Das Mädchen glaubte, es wäre ein Traum. Aber es traten drei reich gekleidete Diener herein und fragten, was es zu befehlen hätte. „Geht nur", antwortete das Mädchen, „ich will gleich aufstehen und dem Alten eine Suppe kochen und dann auch schön Hühnchen, schön Hähnchen und die schöne bunte Kuh füttern." Es dachte, der Alte wäre schon aufgestanden, und sah sich nach seinem Bett um, aber er lag nicht darin, sondern ein fremder Mann. Und als es ihn betrachtete und sah, dass er jung und schön war, erwachte er, richtete sich auf und sprach: „Ich bin ein Königssohn und war von einer bösen Hexe verwünscht worden, als ein alter, eisgrauer Mann in dem Wald zu leben. Niemand durfte um mich sein als meine drei Diener in der Gestalt eines Hühnchens, eines Hähnchens und einer bunten Kuh. Und die Verwünschung sollte nicht eher aufhören, bis ein Mädchen zu uns käme, so gut von Herzen, dass es nicht nur zu den Menschen, sondern auch zu den Tieren nett wäre.

Das bist du gewesen und heute um Mitternacht sind wir durch dich erlöst und das alte Waldhaus ist wieder in meinen königlichen Palast verwandelt worden." Als sie aufgestanden waren, sagte der Königssohn den drei Dienern, sie sollten hinfahren und Vater und Mutter des Mädchens zur Hochzeitsfeier herbeiholen. „Aber wo sind meine zwei Schwestern?", fragte das Mädchen. „Die habe ich in den Keller gesperrt. Morgen sollen sie in den Wald geführt werden und bei einem Köhler so lange als Mägde dienen, bis sie sich gebessert haben und auch die armen Tiere nicht hungern lassen."

Von der Henne und vom Hahn

Die Henne fröhlich gagagackt
und macht ein groß Geschrei.
Die Bäurin weiß schon, was sie sagt,
und geht und holt das Ei.

Der Hahn weckt früh die Leute auf:
den Herrn, den Knecht, die Magd;
die tun sich erst recht strecken noch
und schnarchen, bis es tagt.

Die Kinder hören nichts vom Hahn,
die schlafen allzu fest
und denken sich: Das Schlafen ist
halt doch das Allerbest.

So schlaft denn aus die Müdigkeit
und steht dann fröhlich auf! –
Ein jedes Ding hat seine Zeit
in unsrem Lebenslauf.

Wie regnet das!

Wie regnet das, wie regnet das!
Da wird ja meine Mütz ganz nass.
Tritt unter, rasch unter;
hierunter ist es trocken,
hierunter lasst uns hocken,
hierunter lasst uns kauern,
so lang wird's wohl nicht dauern.

Puppendoktor

Lieber Doktor Pillermann,
guck dir bloß mein Püppchen an.
Drei Tage hat es nichts gegessen,
hat immer so stumm dagesessen,
es will nicht einmal Zuckerbrot,
die Arme hängen ihr wie tot.
Ach, lieber Doktor, sag mir ehrlich,
ist diese Krankheit sehr gefährlich?

Madame, Sie ängstigen sich noch krank.
Der Puls geht ruhig, Gott sei Dank.
Doch darf sie nicht im Zimmer sitzen,
sie muss zu Bett und tüchtig schwitzen;
drei Kiebitzeier gebt ihr ein,
dann wird es morgen besser sein.
Empfehle mich.

Kleine Wünsche

Ich möchte mal ein Entchen sein.
Ach wär das ein Vergnügen!
Ich könnte dann den ganzen Tag
hübsch in der Sonne liegen.
Ich trüge stets ein Federkleid
und brauchte nie zu frieren.
Und immer, wenn es Sonntag ist,
ging ich im Dorf spazieren.

Zu fressen fänd ich auch genug
und lauter fette Bissen,
und nachts schlief ich, sanft eingewiegt,
in lauter Federkissen.

Selbst in die Schule braucht ich nicht.
Mein Gott, wär das ein Segen!
Auch könnt ich, wenn es mir gefällt,
mal ein paar Eier legen.

Lustiger Mond

Gestern Abend um halb achte
fiel der Mond in unsern Teich.
Doch was meint ihr, was er machte?
Er stand einfach auf und lachte,
so als wär's ihm schrecklich gleich.
Zwar war er ein bisschen blasser,
aber das war halb so wild,
denn da unten das im Wasser
war ja nur sein Spiegelbild.

Der Schneider beim Mond

Es war einmal ein Schneider, der wanderte weit umher. Eines Tags kam er bis zum Mond. Der Mond war sehr erfreut über den Gast. „Es friert mich nämlich immer so“, sagte er, „ganz besonders in den kühlen Nächten. Da könnte ich einen warmen Rock gut gebrauchen. Willst du mir einen nähen?“ Der Schneider nahm gleich Maß. Der Rock war bald fertig, und er stand dem Mond ganz vortrefflich.

Aber o weh! Der Mond fing an zuzunehmen. Von Tag zu Tag wurde er dicker. Der Schneider musste den Rock ständig weiter machen, und er hatte viel Arbeit damit. Aber er schaffte es.
Und was geschah dann? Jetzt nahm der Mond ab. Täglich wurde er magerer und der Rock schlotterte ihm schließlich um den Leib. Der arme Schneider kam kaum nach mit Auftrennen und Engermachen. Schließlich – nach drei Wochen – hatte er Ruhe, da legte sich der Mond nämlich schlafen und war ein paar Tage und Nächte überhaupt nicht zu sehen.
Das nutzte der Schneider aus. Still und heimlich verschwand er aus dem Mondland und machte sich wieder auf die Wanderschaft. Wohin? Ja, das möchte der Mond auch gern wissen! Wisst ihr es vielleicht? Dann sagt es dem Mond, wenn er heut Nacht auf euer Bett scheint!

Drei Wünsche

Ein junges Ehepaar lebte vergnügt und glücklich zusammen und hatte den einzigen Fehler, der in jeder menschlichen Brust daheim ist: Wenn man es gut hat, hätte man es gerne besser. Aus diesem Fehler entstehen so viele törichte Wünsche, woran es dem Hans und seiner Liese auch nicht fehlte. Mal wünschten sie sich den Acker des Schulzen, mal des Löwenwirts Geld, mal des Meiers Haus und Hof und Vieh, mal hunderttausend Millionen.

Eines Abends aber, als sie friedlich am Ofen saßen und Nüsse aufklopften, und schon ein tiefes Loch in den Stein hineingeklopft hatten, kam durch die Kammertür ein weißes Weiblein herein, nicht größer als einen Meter, aber wunderschön. Die ganze Stube war voll Rosenduft. Das Licht löschte aus, aber ein Schimmer wie Morgenrot, wenn die Sonne nicht mehr fern ist, strahlte von dem Weiblein aus und überzog alle Wände. Über so etwas kann man nun doch ein wenig erschrecken, so schön es aussehen mag. Aber unser gutes Ehepaar erholte sich bald wieder, als das Fräulein mit süßer, silberreiner Stimme sprach: „Ich bin eure Freundin, die Bergfee Anna Fritze, die im kristallenen Schloss mitten in den Bergen wohnt und über siebenhundert dienstbare Geister gebietet. Drei Wünsche dürft ihr tun, drei Wünsche sollen erfüllt werden."

Hans drückte den Ellenbogen an den Arm seiner Frau, als ob er sagen wollte: „Das klingt nicht übel." Die Frau aber wollte schon den Mund öffnen und etwas von ein paar Dutzend goldgestickten Hauben, seidenen Halstüchern und dergleichen zur Sprache bringen, als die Bergfee sie mit erhobenem Zeigefinger warnte: „Acht Tage lang", sagt sie, „habt ihr Zeit. Bedenkt euch gut und übereilt nichts." Das ist kein Fehler, dachte der Mann und legte seiner Frau die Hand auf den Mund. Das Bergfräulein aber verschwand. Die Lampe brannte wie vorher, und statt des Rosendufts zog wieder wie eine Wolke am Himmel der Öldampf durch die Stube.

So glücklich nun unsere guten Leute waren, so waren sie jetzt doch recht übel dran. Vor lauter Wünschen wussten sie nicht, was sie wünschen sollten. Sie trauten sich nicht einmal daran zu denken oder davon zu sprechen, aus Furcht, es werde in Erfüllung gehen, ehe sie es genug überlegt hätten.
Nun sagte die Frau: „Wir haben ja noch Zeit bis zum Freitag."
Am anderen Abend, während die Kartoffeln zum Nachtessen in der Pfanne brutzelten, standen beide, Mann und Frau, vergnügt an dem Feuer beisammen. Sie sahen zu, wie die kleinen Feuerfunken an der rußigen Pfanne hin und her züngelten und waren, ohne ein Wort zu reden, vertieft in ihr künftiges Glück. Als die Frau aber die gerösteten Kartoffeln aus der Pfanne nahm und ihr der Geruch lieblich in die Nase stieg, sagte sie in aller Unschuld: „Wenn wir jetzt nur ein gebratenes Würstlein dazu hätten", ohne an etwas anderes zu denken und – o weh, da war der erste Wunsch getan.
So schnell wie ein Blitz kommt und vergeht, kam es wieder wie Morgenrot und Rosenduft untereinander durch den Kamin herab, und auf den Kartoffeln lag die schönste Bratwurst. – Wie gewünscht, so geschehen. Wer sollte sich über einen solchen Wunsch und seine Erfüllung nicht ärgern?
„Wenn dir doch nur die Wurst an der Nase angewachsen wäre", sprach der Mann in der ersten Überraschung, auch in aller Unschuld und ohne an etwas anderes zu denken – und wie gewünscht, so geschehen. Kaum war das letzte Wort gesprochen, saß die Wurst an der Nase der Frau fest wie angewachsen und hing zu beiden Seiten wie ein Schnauzbart herunter.

Nun war die Not der armen Eheleute erst recht groß. Zwei Wünsche waren getan und vorüber, und noch waren sie um keinen Heller und um kein Weizenkorn, sondern nur um eine böse Bratwurst reicher. Ein Wunsch war zwar übrig. Aber was half aller Reichtum und alles Glück bei einer solchen Nase der Frau? Wohl oder übel, sie mussten die Bergfee bitten, mit unsichtbarer Hand die Frau Liese wieder von der Wurst zu befreien. Wie gebeten, so geschehen, und so war der dritte Wunsch auch vorüber und die armen Eheleute sahen einander an, waren der gleiche Hans und die gleiche Liese wie vorher. Die schöne Bergfee kam niemals wieder.

Vom schlafenden Apfel

Im Baum, im grünen Bettchen,
hoch oben sich ein Apfel wiegt,
der hat so rote Bäckchen,
man sieht's, dass er im Schlafe liegt.

Ein Kind steht unterm Baume,
das schaut und schaut und ruft hinauf:
„Ach, Apfel, komm herunter!
Hör endlich doch mit Schlafen auf!"

Es hat ihn so gebeten,
glaubt ihr, der wäre aufgewacht?
Er rührt sich nicht im Bette,
sieht aus, als ob im Schlaf er lacht.

Da kommt die liebe Sonne
am Himmel hoch daherspaziert. –
„Ach Sonne, liebe Sonne!
Mach du, dass sich der Apfel rührt!"

Die Sonne spricht: „Warum nicht?"
Und wirft ihm Strahlen ins Gesicht,
küsst ihn dazu so freundlich –
der Apfel aber rührt sich nicht.

Nun schau! Da kommt ein Vogel
und setzt sich auf den Baum hinauf.
„Ei, Vogel, du musst singen,
gewiss, gewiss, das weckt ihn auf!“

Der Vogel wetzt den Schnabel
und singt ein Lied so wundernett,
und singt aus voller Kehle –
der Apfel rührt sich nicht im Bett!

Und wer kam nun gegangen?
Es war der Wind, den kenn ich schon,
der küsst nicht und der singt nicht,
der pfeift auf einem andern Ton.

Er stemmt in beide Seiten
die Arme, bläst die Backen auf
und bläst und bläst und richtig –
der Apfel wacht erschrocken auf.

Und springt vom Baum herunter
grad in die Schürze von dem Kind,
das hebt ihn auf und freut sich
und ruft: „Ich danke schön, Herr Wind!“

Wind, Wind, blase

Wind, Wind, blase,
im Feld, da sitzt ein Hase.
Was macht denn unser Häschen wohl?
Es frisst den schönen, fetten Kohl.

Wind, Wind, brause,
die Maus hockt hinterm Hause
und blinzelt da aus ihrem Loch.
Die böse Katze fängt sie doch.

Wind, Wind, wehe,
im Walde sind zwei Rehe,
das eine groß, das andre klein,
so geht es über Stock und Stein.

Wind, Wind, heule,
im Dach wohnt eine Eule,
die ärgert sich den ganzen Tag,
weil sie kein Mensch mehr leiden mag.

Wind, Wind, leise,
ein Stern geht auf die Reise,
und wer ihn sieht dort überm Baum,
dem schenkt er seinen schönsten Traum.

Wind, Wind, schweige,
der Mond hat eine Geige,
für alle Kinder, die er sieht,
spielt er darauf ein Wiegenlied,
schweig, Wind, schweige.

Das Märchen vom Goldlaub

Es war einmal eine arme Witwe, die lebte mit ihren drei kleinen Kindern in einer schlechten Hütte. Sie arbeitete fleißig bei fremden Leuten und verdiente so das Notwendigste zum Leben. Aber einmal, im kalten Herbst, wurde sie krank. „Mutter, gib uns zu essen", sagten die Kinder und: „Mutter, uns friert!" Aber die Mutter konnte ihnen nicht helfen. Schließlich stand der Älteste, der kleine Thomas, von der Bank auf und meinte: „Ich will wenigstens ein wenig dürres Holz im Wald sammeln zum Einschüren." Und gleich ging er fort und fing damit an. Als er ein großes Bündel Reisig beisammen hatte, setzte er sich für einen Augenblick auf einen Stein und rieb seine kalten Hände.

Da kam auf einmal ein schönes Kind zwischen den Bäumen hervor und sagte zu Thomas: „Ich will dir helfen. Hier, nimm diesen kleinen Stab. Wenn du damit an einen Baum klopfst, fallen goldene Blätter herunter. Merk dir aber: Wer mehr verlangt, als er braucht, wird gestraft." Und dann war das schöne Kind verschwunden.

Thomas dachte: „Das muss ein Engel gewesen sein."
Und dann klopfte er an den nächsten Buchenstamm und sagte:

„Liebes Bäumlein, ich bitte dich,
liebes Bäumlein, schüttle dich!
Lass fallen ein Blättlein hold,
nur ein einziges Blatt aus Gold!"

Und wirklich – es fiel ein Blatt herunter, das war aus reinem Gold. Da sprang Thomas voller Glück damit heim, und von da an war alle Not zu Ende. Aber die Mutter erlaubte nicht, dass mehr Blätter heruntergeholt wurden, als für ein einfaches Leben notwendig waren. Nur armen Leuten zuliebe durfte Thomas hie und da ein Goldblatt extra von einem Baum klopfen. So vergingen die Jahre und die Kinder wuchsen heran. Den Leuten im Dorf war der bescheidene Wohlstand im Häuschen der Witwe aufgefallen und eines Tages beobachtete ein Nichtstuer und Taugenichts, wie Thomas im Wald ein Goldblatt von einer Buche herunterholte.

Er sprang auf den erschrockenen Buben zu, riss ihm das Stäbchen aus der Hand und rannte davon. Ehe Thomas ihn einholen konnte, hatte er schon an einen Baum geklopft und gerufen:

„Liebes Bäumlein, schüttle dich,
überdeck mit Golde mich,
lass fallen deine Blätter hold,
nichts will ich als Gold, Gold, Gold!"

„Gold, Gold, Gold!", tönte das Echo zurück. Der Baum verwandelte alle seine Blätter in Gold und ließ sie auf den Burschen herunterfallen, sodass er durch ihre Last erstickt wurde. Thomas konnte ihn nicht mehr retten.
Da kam auch wieder das schöne Kind zwischen den Bäumen hervor und nahm das Stäbchen an sich. „Das Gold, das auf der Erde liegt, gehört euch!", sagte es zu Thomas und dann war es verschwunden. Nun war die kleine Familie reich für ihr ganzes Leben, aber sie blieben immer bescheiden und hilfsbereit gegen alle Leute.

Des Nachts im Traum

Des Nachts im Traum auf grünem Rasen
beschenken Paul die Osterhasen.
Zwei Eier legen sie gewandt
ihm auf den Arm und unter die Hand.
Am Himmel steht der Mond und denkt:
Ich werde nicht so schön beschenkt.

Das Lumpengesindel

Hähnchen sprach zum Hühnchen: „Jetzt ist die Zeit, wo die Nüsse reif werden, da wollen wir zusammen auf den Berg gehen und uns einmal recht satt essen, ehe sie das Eichhörnchen alle wegholt." – „Ja", antwortete das Hühnchen, „komm, wir wollen es uns gut gehen lassen." Da gingen sie zusammen fort auf den Berg, und weil es ein heller Tag war, blieben sie bis zum Abend. Nun weiß ich nicht, ob sie so viel gegessen hatten oder ob sie übermütig geworden waren, kurz, sie wollten nicht zu Fuß nach Hause gehen und das Hähnchen musste einen kleinen Wagen aus Nussschalen bauen. Als er fertig war, setzte sich Hühnchen hinein und sagte zum Hähnchen: „Du kannst dich nun vorspannen."

„Du kommst mir recht", sagte das Hähnchen, „lieber gehe ich zu Fuß nach Hause, als dass ich mich vorspannen lasse. Nein, so haben wir nicht gewettet. Kutscher will ich wohl sein und auf dem Bock sitzen, aber selbst ziehen, das tue ich nicht."

Wie sie so stritten, schnatterte eine Ente daher: „Ihr Diebesvolk, wer hat euch erlaubt, in meinen Nussberg zu gehen? Wartet, das soll euch schlecht bekommen“, ging also mit aufgesperrtem Schnabel auf das Hähnchen los. Aber Hähnchen war auch nicht faul und setzte sich gegen die Ente zur Wehr, endlich hackte es mit seinen Sporen so heftig auf sie ein, dass sie um Gnade bat und sich gern zur Strafe vor den Wagen spannen ließ. Hähnchen setzte sich nun auf den Bock und war Kutscher. Dann ging es fort in einem Jagen: „Ente, lauf zu, was du kannst!“ Als sie ein Stück Weges gefahren waren, begegneten sie zwei Fußgängern, einer Stecknadel und einer Nähnadel. Die riefen: „Halt! Halt!“, und sagten, es würde gleich stockdunkel werden, da könnten sie keinen Schritt weiter, auch wäre es so schmutzig auf der Straße, ob sie nicht ein wenig aufsitzen könnten. Sie wären auf der Schneiderherberge vor dem Tor gewesen und hätten sich beim Bier verspätet. Hähnchen, da es magere Leute waren, die nicht viel Platz einnahmen, ließ sie beide einsteigen, doch mussten sie versprechen, ihm und seinem Hühnchen nicht auf die Füße zu treten.

Spätabends kamen sie zu einem Wirtshaus, und weil sie die Nacht nicht weiterfahren wollten, die Ente auch nicht gut zu Fuß war und von einer Seite auf die andere fiel, so kehrten sie ein. Der Wirt machte anfangs viel Einwendungen, sein Haus wäre schon voll, er gedachte auch wohl, es möchte keine vornehme Herrschaft sein, endlich aber, da sie süße Reden führten, er solle das Ei haben, welches das Hühnchen unterwegs gelegt hatte, auch die Ente behalten, die alle Tage eins legte, so sagte er endlich, sie möchten die Nacht über bleiben. Nun ließen sie wieder frisch auftragen und lebten in Saus und Braus.

Frühmorgens, als es dämmerte, und noch alles schlief, weckte Hähnchen das Hühnchen, holte das Ei, pickte es auf, und sie verzehrten es zusammen. Die Schalen aber warfen sie auf den Feuerherd. Dann gingen sie zu der Nähnadel, die noch schlief, packten sie beim Kopf und steckten sie in das Sesselkissen des Wirts, die Stecknadel aber in sein Handtuch, endlich flogen sie mir nichts, dir nichts über die Heide davon. Die Ente, die gern unter freiem

Himmel schlief und im Hof geblieben war, hörte sie fortfliegen, machte sich munter und fand einen Bach, auf dem sie hinabschwamm. Das ging geschwinder als vor dem Wagen.
Ein paar Stunden später machte sich erst der Wirt aus den Federn, wusch sich und wollte sich am Handtuch abtrocknen, da fuhr ihm die Stecknadel über das Gesicht und machte ihm einen roten Strich von einem Ohr zum anderen. Dann ging er in die Küche und wollte sich eine Pfeife anstecken, wie er aber an den Herd kam, sprangen ihm die Eierschalen in die Augen. „Heute morgen will mir alles an meinen Kopf", sagte er und ließ sich verdrießlich auf seinen Großvaterstuhl nieder, aber geschwind fuhr er wieder in die Höhe und schrie: „Auweh!", denn die Nähnadel hatte ihn noch schlimmer und nicht in den Kopf gestochen. Nun war er vollends böse und hatte Verdacht auf die Gäste, die so spät gestern Abend gekommen waren. Und wie er ging und sich nach ihnen umsah, waren sie fort. Da tat er einen Schwur, kein Lumpengesindel mehr in sein Haus zu nehmen, das viel verzehrt, nichts bezahlt und zum Dank noch Schabernack treibt.

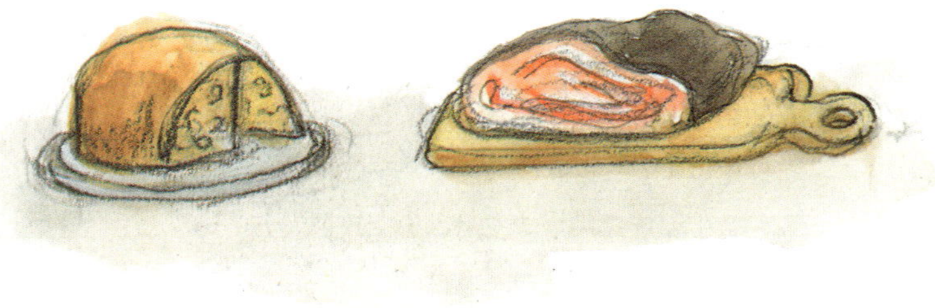

Die Stadtmaus und die Feldmaus

Eine Stadtmaus ging spazieren und kam zu einer Feldmaus. Die verzehrte gerade Eicheln, Gerste, Nüsse und was sie sonst noch fand. Aber die Stadtmaus sprach: „Du bist eine arme Maus, was willst du hier in Armut leben? Komm mit mir, wir lassen es uns jetzt gut gehen."

Die Feldmaus zog mit ihr in ein herrliches Haus, in dem die Stadtmaus wohnte. Sie gingen beide in die Vorratskammern. Da gab es genug Brot, Käse, Speck, Würste, Butter. Die Stadtmaus sprach: „Nun iss und sei guter Dinge! Solche Speise habe ich täglich im Überfluss." Indes kam die Köchin und rumpelte mit den Schüsseln an der Tür. Die Mäuse erschraken und liefen davon.

Die Stadtmaus fand bald ihr Loch, aber die Feldmaus wusste nicht wohin, lief ängstlich die Wand auf und ab und kam nur knapp mit dem Leben davon.

Als die Köchin wieder draußen war, sprach die Stadtmaus: „Es hat nun keine Not, lass uns wieder guter Dinge sein!" Die Feldmaus antwortete: „Du hast gut reden, du wusstest dein Loch schon zu finden, während ich beinahe vor Angst gestorben bin. Ich will dir sagen, was meine Meinung ist: Bleibe du eine reiche Stadtmaus und speise Würste und Speck. Ich will ein armes Feldmäuslein bleiben und meine Eicheln essen. Du bist keinen Augenblick sicher vor der Köchin, vor den Katzen, vor den Fallen. Ich aber bin daheim froh und frei in meinem winzigen Feldlöchlein."

Abzählverse

Lirum larum bibbeldibum,
dreh dich und dreh dich
und schau dich nicht um,
Apfeltörtchen und Käsekuchen,
bibbeldibum und du musst suchen.

Petersilie, Suppenknochen,
Hanne will sich Suppe kochen,
nimmt noch Lauch und Salz dazu,
hopplahopp und drauß bist du.

Eins, zwei, drei, vier, fünf,
die Mäusefrau strickt Strümpf,
einen für den großen Klaus,
einen für die kleine Maus,
eins, zwei, drei und du bist raus.

Über die Brücke läuft der Klaus,
hinter dem Klaus läuft eine Maus,
hinter der Maus legt die Henne ein Ei,
vier, fünf, sechs, sieben und du bist frei.

Noch mehr Abzählverse

Unsre dicke Plapperlene
liegt in Schreiners Hobelspäne,
plappert, plappert immerzu,
plapperlaplapp und drauß bist du.

Wippeli, wuppeli, wappeli, wumm,
Enterich wackelt im Kreis herum.
Klupperli, klepperli, klipperli, klamm,
klopperli, klupperli, du bist dran.

Ein Bonbon ist ein süßes Ding,
die Susi turnt an einem Ring,
der Peter spielt im Dreck
und du bist weg.

Hasenfuß und Zimperliese
hocken in der Blümchenwiese,
trinken kühlen Gänsewein
und du musst's sein.

Trillevip

Ein Mädchen auf Fünen war eines Sonntags in der Kirche gewesen. Auf dem Heimweg ging es durch einen Wald, der zu einem großen Herrenhof gehörte. Es war ganz in Gedanken versunken und zählte auf zwanzig, aber wie es sich umschaute, sah es den Sohn vom Herrenhof mit der Büchse dicht hinter sich hergehen und es wurde rot, weil es überzeugt war, dass er ihr Selbstgespräch gehört hatte. Er fragte es auch gleich, was es bedeuten solle, dass es so vor sich hin zähle. In ihrer Verlegenheit antwortete es ins Blaue hinein und sagte: „Ich habe mir nur ausgerechnet, wie viele Spindeln Garn ich jeden Abend spinnen kann."

Daheim erzählte er seiner Mutter, mit was für einem Mädchen er im Wald gesprochen hätte. Sie könne zwanzig Spindeln an einem Abend spinnen, das sei eine andere als ihre Mädchen. Die Frau hatte nichts Eiligeres zu tun, als nach dem Mädchen zu schicken und ihr das Blaue vom Himmel herunter zu versprechen, wenn sie als Spinnmädchen zu ihr kommen wolle. Und das Mädchen sagte gleich zu, denn es dachte nicht, dass die Frau jene verflogenen Worte kannte. Es trat den Dienst an und am Abend kam die Frau mit Garnrollen an für zwanzig Spindeln Garn: „Denn ich habe gehört, dass du so viele spinnen kannst."
Das Mädchen spann und spann, so viel es nur konnte, und es wurde spät, es ging auf Mitternacht, und sie war weder halb noch ganz fertig. Das arme Mädchen! Sie spann und weinte und kam doch gar nicht zurecht. Um Mitternacht kam auf einmal ein kleiner Knirps mit einer roten Mütze und sagte: „Warum sitzt du denn und weinst? Kann ich dir helfen?" – „Ja, das ist so", sagte sie, „alles das hätte ich heute Abend spinnen sollen und ich bin noch nicht einmal halb fertig. Wenn du mir helfen könntest, so wäre ich sehr froh." – „Damit hat es keine Not", sagte der Kleine, „wenn du fürs Erste meine Liebste werden willst und später meine Frau." Und in ihrer Not gab das Mädchen das Versprechen mit angstvollen Gedanken an die Zukunft. Und eins, zwei, drei war die ganze Arbeit getan. Aber von da an half ihr der Kleine jeden Abend bei ihrer Arbeit.
Die Frau konnte sie so gut leiden, dass sie gar nicht mehr als Magd gehalten war. Sie sollte wegen ihrer Tüchtigkeit den Sohn zum Mann bekommen. Das war schlimm, denn sie hatte sich ja dem kleinen Knirps versprochen, und das wagte sie nicht zu sagen. Die Hochzeit wurde vorbereitet, aber je näher der bestimmte Tag kam, umso trauriger wurde das Mädchen, sodass der Knirps merken musste, dass etwas nicht in Ordnung war. Sie erzählte ihm, wie die Geschichte stand, und er brummte ein wenig. Dann aber sagte er ihr, wenn sie seinen Namen raten könne, so wolle er sie freigeben. Sie dürfe dreimal raten und habe

drei Tage Bedenkzeit. Sie wollte es probieren, obgleich sie durchaus nicht wusste, wie sie es anstellen sollte.
Da traf es sich aber zum Glück, dass der Jäger vom Hof, der jeden Tag nach Wild für die Hochzeit jagen musste, am Abend spät an einen Hügel kam und da sah er viele Lichter innen in dem Hügel, und das kleine Bergvolk tanzte. Das Knirpschen war ganz besonders übermütig und sprang umher und sang:

„Ich spinn und hasple fleißig,
eine schöne Jungfrau weiß ich,
Trillevip heiß ich!“

Inzwischen vertraute das Spinnmädchen einer Magd ihr heimliches Verlöbnis an und die Verlegenheit, in der sie wegen des Bergmännchens war. Die andere Magd hatte eben gehört, wie der Jäger von seinem Erlebnis an jenem Abend erzählt hatte, und sie berichtete die ganze Geschichte von Anfang bis zum Ende wörtlich der Spinnerin. Wie nun das Bergmännchen kam und sie heiraten sollte, wollte sie sich von vornherein nichts anmerken lassen und rief das erste Mal: „Peter!", und das andere Mal: „Paul!", und der Kleine tanzte und glänzte vor Vergnügen wie ein neues Geldstück. Aber das Vergnügen sollte nicht lang dauern, denn als sie zum dritten Mal raten sollte, sagte sie: „Trillevip bist du genannt."
Und da war es vorbei mit seiner Freierei.

Bekommen konnte er sie nun nicht mehr, aber er wollte ihr doch noch einmal helfen. Er wusste wohl, dass sie es recht nötig haben würde. Denn der junge Herr hatte sie ja gewollt, weil sie so gut spinnen konnte, und er würde in helle Wut geraten und sie verstoßen, wenn er hinter den wahren Sachverhalt käme. Deshalb sagte der Bergmann im Weggehen zu ihr: „An deinem Hochzeitstag werden drei alte Weiber in die Stube treten, wenn ihr beim Mahl sitzt. Die Erste musst du ‚Mutter' nennen und die Zweite ‚Großmutter' und die Dritte ‚Urgroßmutter', und wenn sie auch noch so gräulich aussehen und dein Mann noch so ungehalten ist, so musst du sie doch bewirten, so gut du nur kannst."

Und es kam, wie er gesagt hatte.

Sie tat, wie er ihr geraten hatte, obgleich sie durchaus nicht einsah, wozu das gut sein sollte. Die Erste, die kam, war ein gräuliches, altes Weib mit zwei großen, roten Augen, die ihr weit über die Wangen herunterhingen. Und als der junge Mann sie fragte, wie das gekommen sei, dass ihre Augen so rot seien, sagte sie: „Das kommt davon, dass ich nächtelang aufgesessen bin und gesponnen habe."

Als diese gegangen war, kam die Zweite und das war auch ein hässliches, altes Weib. Sie hatte einen Mund bis fast zu den Ohren. „Wovon kommt es denn, dass Ihr so einen großen Mund habt?", fragte der junge Ehemann. „Ja, das kommt davon, weil ich so oft meinen Finger lecken musste, wenn ich spann, denn sonst wäre der Faden nicht glatt geworden. Und ich habe so viele Jahre gesponnen, Tag und Nacht, dass es ein Wunder ist, dass mein Mund nicht noch größer wurde."

Schließlich kam die Allergräulichste von den dreien: Sie humpelte auf zwei Stöcken daher und konnte weder stehen noch gehen, so schwach waren ihre Beine. „Was fehlt Euch denn, Mütterchen?", sagte der Mann, „weil Ihr gar so mühsam daherschleicht?" – „Ja, ich bin so schwach geworden vom Treten. Ich spinne nun, seit ich denken kann, und ich möchte nicht wünschen, dass jemand das eggen sollte,

was ich gepflügt habe, und auch so elend enden sollte wie ich."
Als auch diese ihres Weges gehumpelt war, sagte der junge Herr zu der Spinnerin, die nun seine Frau war: „Von jetzt an sollst du nie mehr spinnen, denn ich möchte um keinen Preis, dass du so aussiehst wie deine Mutter oder deine Großmutter oder deine Urgroßmutter."
Nun begriff sie, was das Bergmännchen bezweckt hatte, und war froh, dass sie seinen Weisungen gefolgt war.

Wenn es Winter wird

Der See hat eine Haut bekommen,
sodass man fast drauf gehen kann,
und kommt ein großer Fisch geschwommen,
so stößt er mit der Nase an.

Und nimmst du einen Kieselstein
und wirfst ihn drauf, so macht es klirr
und titscher-titscher-titscher-dirr ...
heißa, du lustiger Kieselstein!

Er zwitschert wie ein Vögelein
und tut als wie ein Schwälblein fliegen –
doch endlich bleibt mein Kieselstein
ganz weit, ganz weit auf dem See draußen liegen.

Da kommen die Fische haufenweis
und schaun durch das klare Fenster von Eis
und denken, der Stein wär etwas zum Essen.
Doch so sehr sie die Nase ans Eis auch pressen,
das Eis ist zu dick, das Eis ist zu alt,
sie machen sich nur die Nasen kalt.

Aber bald, aber bald
werden wir selbst auf eignen Sohlen
hinausgehn können
und den Stein wieder holen.

Der Winter ist im Felde

Der Winter ist im Felde,
der Winter ist vorm Haus;
was kümmert uns die Kälte,
wir springen doch hinaus!
Wir holen unsre Schlitten:
Wollt ihr gefahren sein,
so müsst ihr uns hübsch bitten,
dann setzt ihr euch hinein.

Goldtöchterchen

Vor dem Tor, gleich an der Wiese, stand ein Haus, darin wohnten zwei Leute, die hatten nur ein einziges Kind, ein ganz kleines Mädchen. Das nannten sie Goldtöchterchen. Es war ein liebes, kleines Kind, flink wie ein Wiesel. Eines Morgens geht die Mutter in die Küche, Milch holen; da steigt das Mädchen aus dem Bett und stellt sich im Hemdchen vor die Haustür. Es war ein herrlicher Sommermorgen, und wie es so vor der Haustür steht, denkt es: „Vielleicht regnet es morgen, da ist es besser, du gehst heute spazieren." Wie es so denkt, geht es auch schon, läuft hinters Haus auf die Wiese und von der Wiese bis an den Busch. Wie es an den Busch kommt, wackeln die Haselbüsche ganz ernsthaft mit den Zweigen und rufen:

„Nacktfrosch im Hemde,
was willst du in der Fremde?
Hast kein' Schuh und hast kein' Hos',
hast ein einzig Strümpfel bloß;
wirst du noch den Strumpf verliern,
musst du dir ein Bein erfriern.
Geh nur wieder heime,
mach dich auf die Beine!"

Aber es hört nicht, sondern läuft in den Busch, und wie es durch den Busch ist, kommt es an den Teich. Da steht die Ente am Ufer und fängt entsetzlich an zu schnattern, dann läuft sie Goldtöchterchen entgegen, sperrt den Schnabel weit auf und tut, als wenn sie es fressen wollte. Aber Goldtöchterchen fürchtet sich nicht, geht gerade darauf los und sagt:

„Ente, du Schnatterlieschen,
halt doch dein' Schnabel
und schweig ein bisschen!"

„Ach“, sagt die Ente, „du bist es, Goldtöchterchen! Ich hatte dich gar nicht erkannt, nimm es nur nicht übel! Nein, du tust uns nichts. Wie geht es dir denn? Wie geht es denn deinem Vater und deiner Mutter? Das ist ja schön, dass du uns einmal besuchst. Das ist ja eine große Ehre für uns. Da bist du wohl recht früh aufgestanden? Du willst dir wohl auch einmal unseren Teich ansehen? Eine recht schöne Gegend! Nicht wahr?“

Als sie ausgeschnattert hat, fragt Goldtöchterchen: „Sag einmal, Ente, wo hast du denn die vielen kleinen Kanarienvögel her?“

„Kanarienvögel?“, wiederholt die Ente, „ich bitte dich, das sind doch meine Jungen.“

„Aber sie singen ja so fein und haben keine Federn, sondern bloß Haare! Was bekommen denn deine kleinen Kanarienvögel zu essen?“

„Die trinken klares Wasser und essen feinen Sand.“

„Davon können sie aber unmöglich wachsen.“

„Doch, doch“, sagt die Ente, „der liebe Gott segnet es ihnen und dann ist auch zuweilen im Sand ein Würzelchen und im Wasser ein Wurm oder eine Schnecke.“

„Habt ihr denn keine Brücke?“, fragt dann Goldtöchterchen.
„Nein“, sagt die Ente, „eine Brücke haben wir nun allerdings leider nicht. Wenn du aber über den Teich willst, will ich dich gern hinüberfahren.“
Daraufhin geht die Ente ins Wasser, bricht ein großes Wasserrosenblatt ab, setzt Goldtöchterchen darauf, nimmt den langen Stängel in den Schnabel und fährt Goldtöchterchen hinüber. Und die kleinen Entchen schwimmen munter nebenher.
„Schönen Dank, Ente!“, sagt Goldtöchterchen, als es drüben angekommen ist.
„Keine Ursache“, sagt die Ente. „Wenn du mich wieder brauchst, steh ich gern zu Diensten. Empfiehl mich deinen Eltern. Adieu!“

Auf der anderen Seite des Teiches ist wieder eine große, grüne Wiese, auf der geht Goldtöchterchen weiter spazieren. Nicht lange, so sieht es einen Storch, auf den läuft es gerade zu: „Guten Morgen, Storch“, sagt es, „was isst du denn, was so grünscheckig aussieht und dabei quakt?“
„Zappelsalat“, antwortet der Storch, „Zappelsalat, Goldtöchterchen!“
„Gib mir auch was, ich bin hungrig!“
„Zappelsalat ist nichts für dich“, sagt der Storch, geht an den Bach, taucht mit seinem langen Schnabel tief unter und holt erst einen goldenen Becher mit Milch und dann eine Wecke heraus. Dann hebt er den einen Flügel und lässt eine Zuckertüte herunterfallen. Goldtöchterchen setzt sich hin und isst und trinkt. Als es satt ist, sagt es:

„Einen schönen Dank
und gute Gesundheit dein Leben lang!“

Dann läuft es weiter. Nicht lange, so kommt ein kleiner, blauer Schmetterling geflogen. „Kleines Blaues", sagt Goldtöchterchen, „wollen wir uns ein wenig haschen?"
„Einverstanden", antwortet der Schmetterling, „aber du darfst mich nicht angreifen, damit nichts abgeht."
Nun haschen sie sich lustig auf der Wiese herum, bis es Abend wird. Als es anfängt zu dämmern, setzt sich Goldtöchterchen hin und denkt: „Jetzt willst du dich ausruhen, dann gehst du nach Hause." Wie es so sitzt, merkt es, dass die Blumen im Gras auch schon alle müde sind und einschlafen wollen. Das Gänseblümchen nickt ganz schläfrig mit dem Kopf, richtet sich dann auf, sieht sich mit gläsernen Augen um, und dann nickt es noch einmal. Da steht eine weiße Aster daneben und sagt:

„Gänseblümchen, mein Engelchen,
fall nicht vom Stängelchen!
Geh zu Bett, mein Kind." –

Und das Gänseblümchen duckt sich und schläft ein. Dabei verschiebt sich das weiße Mützchen, dass ihm die Spitzen gerade übers Gesicht fallen. Dann schläft auch die Aster ein. Als Goldtöchterchen sieht, dass alles schläft, fallen ihm die Augen auch zu. Da liegt es nun auf der Wiese und schläft.

Mittlerweile läuft seine Mutter immer noch im ganzen Haus umher und sucht und weint. Sie geht in alle Kammern und sieht in alle Winkel, unter alle Betten und unter die Treppe. Dann geht sie auf die Wiese bis an den Busch und durch den Busch bis an den Teich. „Über den Teich kann es nicht gekommen sein", denkt sie und geht wieder zurück und durchsucht noch einmal alle Winkel und Ecken und sieht unter alle Betten und unter die Treppe.

Als sie damit fertig ist, geht sie wieder auf die Wiese und wieder bis an den Teich. Das tut sie den ganzen Tag, und je länger sie es tut, desto mehr weint sie. Der Mann aber läuft unterdessen in der ganzen Stadt umher und fragt, ob niemand Goldtöchterchen gesehen hat.

Als es aber ganz dunkel geworden ist, kam einer von den zwölf Engeln, die jeden Abend über die ganze Welt hinwegfliegen, um nachzusehen, ob sich nicht irgendwo ein kleines Kind verlaufen hat, und um es wieder zu seiner Mutter zu bringen, auf die grüne Wiese. Als er Goldtöchterchen hier liegen und schlafen sah, hob er es behutsam auf ohne es zu wecken, flog bis über die Stadt und sah nach, in welchem Hause noch Licht war. „Das wird wohl das Haus sein, wo es hingehört", sagte er, als er das Haus von Goldtöchterchens Eltern sah, und das Licht im Wohnzimmer brannte immer noch. Heimlich sah er zum Fenster hinein: Da saßen Vater und Mutter sich an dem kleinen Tisch gegenüber und weinten und unter dem Tisch hielten sie sich die Hände. Da öffnete er ganz leise die Haustür, legte das Kind unter die Treppe und flog fort.

Und die Eltern saßen immer noch am Tisch. Da stand die Frau auf, zündete noch ein Licht an und leuchtete noch einmal in alle Winkel und Ecken und unter die Betten.

„Frau", sagte der Mann traurig, „du hast ja schon so oft vergeblich in alle Winkel und Ecken und unter die Treppe gesehen. Geh zu Bett. Unser Goldtöchterchen wird wohl in den Teich gefallen und ertrunken sein."

Doch die Frau hörte nicht, sondern ging weiter, und wie sie unter die Treppe leuchtete, lag das Kind da und schlief. Da schrie sie vor Freude so laut auf, dass der Mann eilends die Treppe herabgesprungen kam. Mit dem Kind auf dem Arm kam sie ihm freudestrahlend entgegen. Es schlief ganz fest, so müde hatte es sich gelaufen.

„Wo war es denn? Wo war es denn?", rief er.

„Unter der Treppe lag es und schlief", erwiderte die Frau, „und ich habe doch heute schon so oft unter die Treppe gesehen."

Da schüttelte der Mann mit dem Kopf und sagte: „Mit rechten Dingen geht das nicht zu, Frau. Wir wollen nur Gott danken, dass wir unser Goldtöchterchen wieder haben!"

Der Frosch

Der Frosch sitzt in dem Rohre,
der dicke breite Mann,
und singt sein Abendliedchen,
so gut er singen kann.
Quak, quak!

Er meint, es klingt ganz herrlich,
könnt's niemand so wie er;
er bläst sich auf gewaltig,
meint Wunder was er wär!
Quak, quak!

Steche-Mücken

Hundertzwanzig Steche-Mücken
sitzen auf des Schweinchens Rücken.
Kommt der Michel, jagt – oho –
alle weg, einfach so.
Da war das Schweinchen aber froh.

Der Ast

Eine schillernde Libelle
ruht sich aus auf einem Ast,
doch der Ast ist eine Flöte,
die ein kleiner Wichtel blast.

Der Schnupfenmann

Der Schnupfenmann, der Schnupfenmann
schleicht wieder um das Haus.
Seine dicke, rote Nase,
oh, wie sieht die aus!

Schnupfenmann, Schnupfenmann,
ich hab warme Schuhe an.
Wenn du weiter schleichst ums Haus,
geh ich nicht hinaus.

Schlittenfahrt im Stübchen

Adieu Mama, adieu Mama!
Wir fahren auf dem Eise.
Leb wohl, mein Kind, leb wohl, mein Kind!
Wohin geht denn die Reise?

Zu Schlitten nach dem Nordpol hin!
Wir müssen schnell kutschieren.
Adieu, mein Kind, und lass nur nicht
die Nase dir erfrieren!

Mama, wir bringen dir was mit
vom Nordpol, kannst du raten?
Gewiss bringt ihr ’nen Eisbär’n mit,
den will ich für euch braten.

Der Fuchs und der Krebs

Ein Krebs kroch aus seinem Bach auf das grüne Gras einer Wiese. Da kam ein Fuchs daher, sah den Krebs langsam kriechen und sagte spöttisch zu ihm: „Herr Krebs, wie geht Ihr doch so gemächlich? Wer nahm Euch Eure Schnelligkeit? Oder wann gedenkt Ihr über die Wiese zu kommen? An Eurem Gang merke ich, dass Ihr besser rückwärts als vorwärts gehen könnt!" Der Krebs war nicht dumm, er antwortete dem Fuchs: „Herr Fuchs, Ihr kennt meine Natur nicht. Ich bin schneller und leichter und laufe rascher als Ihr, und wer mir das nicht glaubt, den möge der Teufel riffeln. Herr Fuchs, wollt Ihr mit mir eine Wette laufen?" – „Nichts wäre mir lieber", sprach der Fuchs. „Wollt Ihr von Bern nach Basel laufen, oder von Bremen nach Brabant?" – „O nein", sprach der Krebs, „das Ziel wäre zu fern! Ich denke, wir laufen eine halbe oder eine ganze Meile miteinander, das wird uns beiden nicht zu viel sein!" – „Eine Meile, eine Meile!", schrie der Fuchs eifrig, und der Krebs begann wieder: „Ich gebe Euch auch einen hübschen Vorsprung. Wenn Ihr den nicht annehmt, mag ich gar nicht laufen."

„Und wie groß soll der Vorsprung sein?", fragte der Fuchs neugierig. Der Krebs antwortete: „Gerade eine Fuchslänge. Ihr tretet vor mich, und ich trete hinter Euch, sodass Eure Hinterfüße an meinen Kopf stoßen. Wenn ich sage: ‚Los geht's', dann fangen wir an zu laufen." Dem Fuchs gefiel das sehr, er sagte: „Ich gehorche Euch in allen Stücken." Da kehrte er dem Krebs sein Hinterteil zu, mit dem großen und starken, haarigen Schwanz. In den schlug der Krebs seine Scheren, ohne dass der Fuchs es merkte, und rief: „Los geht's!" Und da lief der Fuchs, wie er in seinem Leben noch nicht gelaufen war, dass ihm die Füße schmerzten. Als das Ziel erreicht war, drehte er sich geschwind herum, und schrie: „Wo ist nun der dumme Krebs? Wo seid Ihr? Ihr braucht gar zu lange!" Der Krebs aber, der dem Ziel jetzt näher stand als der Fuchs, rief hinter ihm: „Herr Fuchs! Warum seid Ihr so langsam? Ich stehe schon eine Weile hier und warte auf Euch! Warum kommt Ihr erst jetzt?"
Der Fuchs erschrak ordentlich und sprach: „Euch muss der Teufel aus der Hölle hergebracht haben", zahlte seine Wette, zog den Schwanz ein und ging fort.

Schnellsprechverse

Hinter Hänschens Häuschen
husten hundert Hasen.
Hundert Hasen husten
hinter Hänschens Häuschen.

Es klapperten die Klapperschlangen,
bis ihre Klappern schlapper klangen.

Fischers Fritze fischte frische Fische.
Frische Fische fischte Fischers Fritze.

Zwischen zwei Zwetschgenbäumen zappeln zwei Zwerge.
Zwei Zwerge zappeln zwischen zwei Zwetschgenbäumen.

In der ganzen
Hunderunde
sieht man nichts
als runde Hunde.

Schlummerlied

Schlaf, Kindlein, schlaf!
Es war einmal ein Schaf.

Das Schaf, das ward geschoren,
da hat das Schaf gefroren.

Da zog ein guter Mann
ihm seinen Mantel an.

Jetzt braucht's nicht mehr zu frieren,
kann froh herumspazieren!

Schlaf, Kindlein, schlaf!
Es war einmal ein Schaf.

Der musikalische Esel

Ein Knabe saß auf grünem Rasen,
schnitzt eine Flöte sich aus Rohr,
die hielt er einem Esel vor
und sprach: „Herr Esel, willst du blasen?“ –
Der Esel schien dazu nicht faul,
er nahm die Flöte gleich ins Maul,
doch statt zu blasen schöne Weisen,
trieb er damit ein ander Spiel. –
Und was denn? – Nun, mit Stumpf und Stiel
tat er das Instrument verspeisen.

Gutenachtliedchen

Leise, Peterle, leise,
der Mond geht auf die Reise.
Er hat sein weißes Pferd gezäumt,
das geht so still, als ob es träumt,
leise, Peterle, leise.

Stille, Peterle, stille,
der Mond hat eine Brille.
Ein graues Wölkchen schiebt sich vor,
das sitzt ihm grad auf Nas und Ohr,
stille, Peterle, stille.

Träume, Peterle, träume,
der Mond guckt durch die Bäume.
Ich glaube gar, nun bleibt er stehn,
um Peterle im Schlaf zu sehn –
träume, Peterle, träume.

Weißt du's?

Ich kenn zwei kleine Fensterlein
in einem kleinen Haus,
draus guckt den lieben ganzen Tag
ein kleiner Schelm heraus.

Doch abends, wenn es dunkel wird
und alles geht zur Ruh,
dann macht geschwind der kleine Schelm
die Fensterläden zu.

Gute Nacht

Gut Nacht, schlaf wohl, lieb's Kindle!
Unterm Ofen schläft das Hündle.
Gut Nacht, schlaf wohl, lieb's Schätzle!
Unterm Ofen schläft das Kätzle.
Das Hündle bellt, das Kätzle schreit,
wenn du sie tust erschrecken.
Gut Nacht, schlaf wohl! Zur rechten Zeit
will ich dich morgen wecken.

Kunterbunte Kinderwelt